Lisa & Benedikt Pilkat

Glücksorte in Regensburg

Fahr hin & werd glücklich

D

Dieses

Glücksbuch

ist für

Liebe Glücksuchende,

Regensburg wird oft als die nördlichste Stadt Italiens bezeichnet. Wir Regensburger fühlen uns natürlich in etwa so italienisch wie Leberkäse, aber stolz sind wir auf unsere Stadt – und das mit Recht! Die Stadt an der Donau gehört ganz offiziell zu den lebenswertesten Städten Deutschlands. In nahezu jedem positiven Ranking ist Regensburg vorne dabei und führt mittlerweile sogar den Titel UNESCO-Welterbe.
Für uns Regensburger ist das alles aber nebensächlich. Wir wissen schon lange, dass wir in der schönsten Stadt Deutschlands, wenn nicht gar der Welt, leben. Regensburg besticht schließlich nicht nur durch seine malerische, fast vollständig erhaltene Altstadt.
Mögen auch die Steinerne Brücke und Glorias Weihnachtsmarkt von Touristen überschwemmt werden, so hat doch jeder Regensburger seine ganz persönlichen, manchmal gut versteckten Glücksorte in dieser wundervollen Stadt.
Deshalb heißen wir Besucher aus aller Welt – und sei es nur von nördlich des Weißwurst-Äquators – herzlich bei uns willkommen, öffnen für jeden die Tore unserer Stadt und die unserer Herzen.
Servus bei uns in Regensburg – sche, dass da seids!

Lisa & Benedikt Plikat

Deine Glücksorte …

... noch mehr Glück für dich

Im Labyrinth der Namen

1 Die Regensburger Altstadtgassen

Regensburg hat viel zu bieten. Überall in der und um die Altstadt herum findet man berühmte, bekannte aber auch versteckte und nahezu geheime Glücksorte. Die vergleichsweise kleine Altstadt mit ihren vielen verwinkelten Gassen, kleinen Wegen und Promenaden ist für sich genommen ein ganz eigener Ort des Glücks. Erkundet werden die Wege und Pfade, die die Altstadt wie Lebensadern durchziehen, am besten zu Fuß und ohne Stadtplan. Nur so kann man abbiegen, wann und wohin man möchte, und seiner spontanen Eingebung folgend die Richtung wechseln. Es ist ein aufregendes Gefühl, nicht genau zu wissen, wohin die engen Gassen einen führen, und eine Entdeckung nach der anderen zu machen, während sich das Puzzle der Stadt mit jedem Schritt zu einem Gesamtbild fügt.

Die Regensburger Altstadt wartet mit vielen kleinen Läden und Geschäften auf, die mit kreativen Waren, geschmackvollen Andenken oder zünftigen Gaumenfreuden locken. Die Namen der Straßen und Plätze sind dabei eine Besonderheit: Sie spiegeln die Historie der Stadtentwicklung und das Kulturgeschehen vergangener Zeiten. Wer mit offenen Augen durch Regensburg flaniert, wird viele Namen entdecken, die Hinweise auf die einstige Funktion der Gebäude oder die dort ehemals ansässigen Bewohner beinhalten. So tobte in der Tändlergasse (Tändler waren Kleinkaufleute oder Trödler) das einfache Leben, während in der Wahlenstraße die feinen Damen und Herren der Hautevolee residierten.

Viele ungewöhnliche Namen der Gassen wie das Einhorngässchen, die Fröhliche Türkenstraße, die Rote-Hahnen-Gasse oder das Gässchen ohne End zaubern ein Lächeln auf die Lippen. Alteingesessene Regensburger können einige der überlieferten Sagen und Legenden wiedergeben, die zur Benennung der Plätze und Gassen geführt haben. Eigentlich noch spannender ist es aber, mit freiem Geist durch die Altstadt zu schlendern und sich anregen zu lassen, sich selbst fantasievolle Geschichten, wilde Abenteuer und romantische Begebenheiten zu den einzelnen Namen zu überlegen.

- Altstadt, 93047 Regensburg
- ÖPVN: Buslinie A, jede Haltestelle in der Altstadt

Frisör
Gewürz
Depot
LA NOVITÀ

Sommerabende mit Freunden

2

Der Brunnen am Bismarckplatz

In Regensburg warten jedes Jahr die Jungen und Junggebliebenen sehnlichst darauf, dass die Abende wieder warm genug werden, um draußen sitzen zu können. Kaum ist es soweit, findet man die Regensburger vor allem an einem Platz: dem Bismarckplatz. Wer Glück hat, ergattert einen der heißbegehrten Plätze am Brunnenrand. Ist dieser voll besetzt, lässt man sich einfach auf dem Boden oder einer mitgebrachten Decke nieder. Es gibt Frühlings- und vor allem Sommerabende, an denen der Bismarckplatz so gut besucht ist, dass ein Durchkommen und das Finden eines freien Platzes schier unmöglich erscheinen. Doch wer die freundlichen Regensburger kennt, weiß, dass sich hier noch jeder setzen konnte, der sich gerne setzen wollte. Zusammen wird entspannt getrunken, geraucht und geratscht.

TIPP

Für die kleinen Besucher des Festes gibt es am Nachmittag ein spezielles Kinderprogramm.

Der Bismarckplatz, wurde, wie sich unschwer vermuten lässt, nach Reichskanzler Otto von Bismarck benannt und liegt im Westen der Regensburger Altstadt. Er wird umringt von Theater, Musikschule sowie mehreren kleinen Cafés und Bars. Das Besondere hier ist, dass die Bars Getränke an die abendlichen Bismarckplatzbesucher verkaufen dürfen. Dies geschieht nicht in Papp- oder Plastikbechern, sondern in Gläsern, Tassen und Flaschen. Erstere werden später einfach wieder zurückgegeben – auf diese Weise wird viel Müll eingespart. Leere Flaschen überlässt der waschechte Regensburger den Pfandsammlern, die nachts schon darauf warten, sich mit dem Pfand ein paar Euro verdienen zu können. Am letzten Juliwochenende eines jeden Jahres wird der Bismarckplatz zur professionellen Partyzone. Das Bismarckplatzfest lockt mit rollenden Getränkebars, Ständen mit Essen und einer Bühne, auf der heimische Musiker ihr Bestes geben. Das Highlight an zwei der drei Abenden ist die „Silent Disco". Gegen Pfand können Kopfhörer erstanden werden, über die Musik gespielt wird. Setzt man die Kopfhörer wieder ab, steht einer Unterhaltung in normaler Lautstärke nichts im Wege. Die Regensburger wissen eben, wie man feiert.

- Bismarckplatz, 93047 Regensburg
- ÖPNV: Buslinie A, Haltestelle Bismarckplatz

Eis, Eis, Baby

3

Die Eisdiele Aamu

Sommerzeit ist „Eiszeit" oder, wenn man dem Trend folgt, „Sorbetzeit". Der Eismarkt in Regensburg ist dabei ein hart umkämpftes Pflaster. Die vielen kleineren und größeren lokalen Anbieter konkurrieren dabei mit neuen Eis- und Waffelkreationen und seit einiger Zeit auch mit außergewöhnlich guten Sorbetvarianten. Eine Frage muss wohl unbeantwortet bleiben, denn gut sind die meisten Anbieter: Wer macht das beste Eis in Regensburg? Ein definitiver Favorit unter den Spitzenreitern ist auf jeden Fall das jung und modern anmutende Aamu in der Thundorferstraße.

Schon auf den ersten Blick ist unschwer zu erkennen, dass sich das Aamu klar von der Konkurrenz absetzt. Spätestens beim Lesen der Karte mit den Eisvariationen, die nach Familienrezept hergestellt werden, dem frischen Kuchen und dem fair gehandelten Kaffee dürfte klar sein, dass die hier angebotenen Spezialitäten auch überregional ihresgleichen suchen. Die traditionelle Eismacherei erfreut sich in der Thundorferstraße seit nunmehr vier Jahren großer Beliebtheit. Mit ihrem Konzept haben die italienischen Inhaber den Nerv der Zeit getroffen und sich mit Regensburg den richtigen Standort ausgesucht. Nicht nur die fraglos schöne Aufmachung des Lokals ist es, die die Menschen vor allem an warmen Tagen in Scharen anzieht. Hier hat man tatsächlich die Qual der Wahl zwischen besonderen Leckereien. Zum perfekten Geschmack kommt hinzu, dass man sich nur ein paar Meter weiter am Donau-Ufer in der Sonne niederlassen kann, um hier seine nach dem Anstehen redlich verdiente Errungenschaft zu genießen.

Ob es sich dabei um das beste Eis der Stadt handelt, darf jeder für sich selbst entscheiden. Die Frage kann aber auch weiterhin getrost unbeantwortet bleiben. Gut ist es jedenfalls, das Eis vom Aamu. Vor allem die veganen und ungewöhnlichen Sorbetsorten sind geschmacklich einmalig. Einmal Birne-Lavendel gefällig? Das Motto, das sich die Betreiber auf die Fahnen schreiben, ist jedenfalls Programm: frisch, traditionell und selbst gemacht!

TIPP

Das leckere Aamu-Eis gibt es auch in einer kleineren Filiale am Neupfarrplatz.

- Aamu Eismacherei, Thundorferstraße 10, 93047 Regensburg
  www.aamu-eiscafe.de
- ÖPNV: Buslinien 1/4/11/N6, Haltestelle Thundorferstraße

Eis

Am Teich unter den Linden

4

Im Regensburger Stadtpark

Von den vielen grünen Oasen in der Regensburger Altstadt ist der Stadtpark die mit Abstand größte und älteste Parkanlage. Wiesen mit Platz zum Liegen, Spielen oder Picknicken, ein Wirtshaus, ein Theater, Springbrunnen sowie kulturelle Veranstaltungen und Feste … die Liste mit Annehmlichkeiten ließe sich unendlich fortführen.

Ein dagegen unscheinbarer, aber doch besonders malerischer Ort ist die Sitzbank am Ufer des großen Teiches. Vom Weg aus könnte die Bank unter der großen Linde leicht übersehen werden und ebenso die Schönheit des ganzen Ortes. Wer hier sitzt, der fühlt sich wie auf einer Insel der Ruhe und ist fortan nur noch Beobachter der umliegenden Geschehnisse. Dieser schöne Platz musste sich jedoch erst im Laufe der Jahrhunderte vom einstigen Steinbruch für den Bau der Stadtmauern zur Idylle entwickeln, die man hier nun findet. Heute ist der Stadtpark ein Ort, an dem man sich gerne trifft, picknickt und feiert. Jährlich finden dort verschiedene Feste statt. Regensburger und Regensburg-Gäste erfreuen sich am Wein-Musik-Fest, der REWAG-Nacht in Blau und beim Kinderbürgerfest hört man das fröhliche Gelächter vieler Mädchen und Jungen. Die Stadt hat sich bei der Planung und Entwicklung der Anlage jede erdenkliche Mühe gegeben, um Radfahrern, Spaziergängern und Genießern einen einmaligen Erholungsort zu schaffen.

Doch zurück zur Glücksbank am Teich. Zu jeder Tages- und Jahreszeit kann man von hier an heimischer Flora und Fauna den Kreislauf der Natur beobachten. Die wohl beste Zeit ist jedoch im Sommer ganz früh am Morgen, wenn die Sonne langsam alle Lebewesen weckt und man die Wärme, die der weitere Tag bringen wird, förmlich schon riechen kann. An diesen Sommertagen sollte man sich mit Leckereien vom Lieblingsbäcker eindecken und das Frühstück auf dieser Bank am Teich genießen. Zusammen mit den ansässigen Enten, versteht sich.

TIPP

Direkt am Park befindet sich auch das Kunstforum Ostdeutsche Galerie.

● Stadtpark Regensburg, Prüfeninger Straße, 93049 Regensburg
● ÖPNV: Buslinien 6/11, Haltestelle Ostdeutsche Galerie

Vorhang auf!

5

Das Figurentheater im Stadtpark

Aller Technik zum Trotz ist sich das ehrwürdige Figurentheater im Stadtpark über die Jahre hinweg treu geblieben. Hier lassen sich die Besucher seit eh und je von den liebevoll gestalteten Holzfiguren in die Welt der Fantasie entführen. Die mit spürbar viel Herz und Hingabe gespielten Aufführungen sind Nahrung für die Seele.

Bereits im Jahre 1913 wurde vom Magistrat der Stadt eine Spielstätte im Stadtpark genehmigt, sodass das Figurentheater aktuell auf eine mehr als 100-jährige Tradition zurückblickt. Verborgen im dichten Grün des Regensburger Stadtparks steht das kleine Häuschen, hinter dessen Eingangstüre man viele bekannte und unbekannte Welten entdecken kann. Geführt wird das schöne Theater an diesem Ort seit 1985. Das Spektrum der Stücke erstreckt sich von Allzeit-Klassikern wie Goethes „Faust" oder Saint Exupérys „Der kleine Prinz" über Märchen bis hin zu urbayerischen Geschichten wie die vom Brandner Kasper. Ob Alt oder Jung, Groß oder Klein, für jeden steht etwas auf dem Spielplan. Gerade die Kindervorstellungen sind es, die selbst die Erwachsenen zu begeistern wissen, vor allem, wenn sich die kleinen Zuschauer vollkommen von dem Geschehen auf der Bühne mitreißen lassen.

TIPP

Kindgerechte Aufführungen finden teilweise sogar in englischer Sprache statt.

In der alten Guckkastenbühne im Stadtpark erwachen die detailverliebt gestalteten Marionetten zum Leben und erzählen Geschichten, die berühren. Es sind Geschichten aus vergangener Zeit, die immer Bestand haben, weil sie den Zuschauern auch heute noch Werte vermitteln. Es sind Geschichten, die von der Liebe und dem Tod erzählen, vom Aufbruch, von Geborgenheit und von der Sehnsucht nach einem Ankerplatz im Leben. Wunderbar erfüllte Stunden verbringt man hier. Mal ist es mucksmäuschenstill vor Spannung, mal erklingt schallendes Gelächter im Zuschauerraum, wenn der Gerechtigkeit auf der Bühne Genüge getan wird. Das Programm bietet ein großes Spektrum an Stücken, die einen stets aufs Neue faszinieren, wenn es wieder heißt: „Vorhang auf!"

- Figurentheater im Stadtpark, Dr.-Johann-Maier-Straße 3, 93049 Regensburg, Tel. (09 41) 2 83 28, www.regensburgerfigurentheater.de
- ÖPNV: Buslinien 6/11, Haltestelle Ostdeutsche Galerie

REGENSBURGER

Erdnüsse en masse

6

Die Apotheke

Es gibt sie noch, die echten Regensburger Kultkneipen. Auch wenn einige Lokale ihren ursprünglichen Standort opfern mussten, sind doch ein paar der Kneipen am angestammten Ort erhalten geblieben, in denen schon Generationen vor uns ihre Abende verbrachten.
Die Apotheke ist eine dieser kultigen Institutionen, die sich über die Jahrzehnte selbst treu geblieben sind. Der Name und das grüne Kreuz lassen vermuten, dass in den Räumlichkeiten früher tatsächlich eine Apotheke betrieben wurde.
Heute werden anstelle von Medikamenten und Heilmitteln Gläser mit Bier, Schnaps oder feinen Spirituosen über den Tresen geschoben. Man könnte fast sagen, das Prinzip ist erhalten geblieben. So gemütlich geht es heute zu: Schon tagsüber findet man die Außentische unter den Bögen der Rote-Hahnen-Gasse von Gästen besetzt. Abends aber entfaltet dieser heimelige Ort sein wahres Potenzial. Dann nehmen die Gäste nicht nur an den Tischen Platz, sondern sammeln sich auch am Tresen, vor dem Eingang und um den Billardtisch. Willkommen ist jeder, wird mit offenen Armen, ohne Vorurteile und viel Freundlichkeit begrüßt. Das besondere Markenzeichen dieser einzigartigen Kneipe ist der scheinbar bodenlose Eimer mit Erdnüssen, der wie von Zauberhand immer wieder gefüllt wird. Man greift einfach hinein und nimmt sich ein, zwei Hände mit an seinen Platz. Keine Sorge wegen der Schalen und Reste – die landen einfach auf dem Boden und werden am Ende der Nacht zusammengekehrt.
In einer Stadt, deren Kneipendichte zu den höchsten Deutschlands zählt, hat man die Qual der Wahl. Für jeden Tag der Woche steht ein abwechslungsreiches Angebot bereit. Trotz oder gerade wegen des großen Angebots an Kneipen, Lokalen und Klubs sind es Orte wie die Apotheke, die einem das Gefühl von Heimat geben. Hier kennt man sich, hier trifft man sich. All das ohne besonderen Luxus. Die Apotheke ist einfach da und hat immer eine offene Tür für diejenigen, die sich darauf einlassen.

- Apotheke, Rote-Hahnen-Gasse 8, 93047 Regensburg, Tel. (09 41) 4 39 99
- ÖPNV: Buslinie A, Haltestellen Haidplatz/Gutenbergplatz

APOTHEKE
Apotheke
2. STOCK
Billard & Bar
CENTRAL
DAVE
DINGER
DAVE
DINGER
12.04

Hinter alten Steinen

7 Die Basilika St. Emmeram

Bei keinem noch so kurzen Regensburg-Besuch kommt man umhin, das fürstliche Schloss St. Emmeram zu bewundern, zumindest von außen, und ebenso die anderen Sehenswürdigkeiten in unmittelbarer Umgebung. Wer den nördlichen Eingang zum Schloss wortwörtlich links liegen lässt, kommt zur Basilika St. Emmeram. Hinter den Mauern dieses alten Gebäudes verbirgt sich ein kunsthistorisches Kleinod, dessen Prunk sich, nur von außen betrachtet, gar nicht vollständig offenbart. Ein fast mystisch anmutender Zugang eröffnet sich dem, der durch das äußere Holztor schreitet. An Mauern vorbei, die geschmückt sind mit Gedenktafeln an längst vergessene Helden, führt das moosbewachsene Pflaster zum eigentlichen Eingang.

Das Kloster St. Emmeram entstand aus einer um 739 in Regensburg gegründeten Benediktinerabtei, die bis zum Einsetzen der Säkularisation im Jahre 1803 geführt wurde. Die ehemalige Abtei war eines der bedeutendsten Klöster in Bayern und ist heute noch eine der Hauptkirchen des Regensburger Bistums. Im Laufe der vergangenen Jahrhunderte wurde der sakrale Bau von Zeit zu Zeit verändert. Dadurch findet der Besucher beim Gang durch die Basilika verschiedenste Baustile. Über 1000 Jahre Kirchengeschichte auf engstem Raum lassen den Besuch von St. Emmeram zu einem wirklich eindrucksvollen Erlebnis werden. In dieser wunderschönen Kirche haben Heilige, Kaiser, Könige und Herzöge ihre letzte Ruhe gefunden.

Die Basilika St. Emmeram gehört nicht nur zu den geschichtsträchtigsten, sondern sicher auch zu den schönsten und besterhaltenen kirchlichen Bauwerken, die sich in der Regensburger Altstadt an vielen Ecken finden lassen. Auch wenn die Basilika hinter dem hellen Glanz des Schlosses schon fast zu verschwinden scheint, ist hier noch der sakrale Ursprung der Stadt zu erahnen. Unabhängig jeglicher Konfession ist ein Spaziergang entlang und in ihren Mauern ein Erlebnis.

● Kloster St. Emmeram, Emmeramsplatz 3, 93047 Regensburg,
Tel. (09 41) 5 97-10 94, www.st-emmeram-regensburg.de
● ÖPNV: Buslinie A, Haltestelle Gutenbergplatz

Mit Streetart um die Welt

8

Die 24h-Galerie

Die Straßen in den Städten dieser Welt sind geprägt von Kunst jeglicher Art. Vom kleinen Stencil auf einem Stromkasten bis hin zum flächendeckenden Hochhaus-Mural, Streetart ist eine Kunstform der globalen Moderne und dabei weit mehr als eine bloße Graffiti-Rebellion der jungen Generation. Viele atemberaubende Kunstwerke strotzen vor Inhalt, den die Künstler dem Betrachter durch Style, Form und Farbe zu vermitteln versuchen.
Regensburg als historische Stadt tut sich schwer mit Streetart. Zum einen fehlen die Flächen, zum anderen fügt sich diese moderne Kunst nur schwer in das Altstadtbild ein. Aus diesem Grund haben zwei junge Grafikdesigner die 24h-Galerie ins Leben gerufen. Zwischen den beiden Armen der Donau, die Regensburg mit dem östlichen Europa verbindet, wurden in einem Park zehn freistehende Mauern errichtet. Sie stehen für die zehn neuen Mitgliedsstaaten, die der EU 2004 beigetreten sind. Die 15 umstehenden Betonhocker der Anlage repräsentieren dagegen die bisherigen Mitgliedsstaaten. Anfang September werden die Wände jährlich parallel zur Herbstdult durch geladene nationale und internationale Künstler neugestaltet. So undefinierbar die ersten Linien auch sein mögen, umso mehr beeindruckt das Ergebnis. Die Werke halten der Gegenwart den Spiegel vor, verbinden Aktuelles mit Vergangenem und spielen mit den Farben und Formen des Lebens. Hier am Fluss ist die Kunst im Fluss. Bis heute ist die Outdoor-Galerie weltweit die erste Open-Air-Ausstellung, die speziell für urbane Kunstformen erbaut worden und rund um die Uhr frei zugänglich ist. Bei einem Gang entlang dieser kreativen Werke, nicht weit entfernt von der Donau, wird der glückliche Betrachter selbst zum Teil der globalen Streetart-Bewegung. Die Werke sind offen für eine immer wieder neue individuelle Interpretation, hier schreibt jeder seine eigene Kunstgeschichte. Die Streetart-Idee verbindet den kleinen Fleck vor den Toren Regensburgs mit der ganzen Welt.

TIPP

Beim Fest der Neugestaltung lernt man die geladenen Künstler bei einem BBQ persönlich kennen.

● 24h-Galerie, Nähe Dultplatz, 93059 Regensburg
● ÖPNV: Buslinie 17, Haltestelle Dultplatz

Vielfalt unter freiem Himmel

9 Das Open-Air-Kino Cinema Paradiso

Wenn Anfang August die Nächte immer länger werden und die abendlichen Temperaturen zum Draußenverweilen einladen, dann freuen sich die Regensburger wie jedes Jahr auf eine ganz spezielle stadteigene Besonderheit. Jahr für Jahr präsentieren die Kinos im Andreasstadel eine Open-Air-Veranstaltung, die richtig gut zu Regensburg passt. Dann nämlich öffnet das Cinema Paradiso seine Pforten.

Fast mitten in der Stadt und doch umgeben von romantisch anmutendem Grün, nicht weit von den belebten Bars und Kneipen und doch nah am Strand des ruhig dahinfließenden Donaunebenarms befindet sich dieser fast magische Ort. Umgeben von Bäumen und bewirtet von den engagierten Partnern aus dem Orphee kann man hier wunderbares Freiluftkino genießen. Klassiker von gestern und Spitzenkino von heute wechseln sich ab, bei Komödien bleibt kein Auge trocken, und bei Thrillern wird das Nervenkostüm auf die Probe gestellt. Neben Evergreens der Filmgeschichte und den neuesten Hollywood-Kassenschlagern werden auch regionale und überregionale Produktionen aufgeführt, die dem einen oder anderen ansonsten verborgen geblieben wären. Gerade sie aber schaffen es oft, die Zuschauer viel besser in eine andere Welt zu entführen, als es ihre berühmten „Geschwister" vermögen. Die Besucher der Kinos im Andreasstadel sind es außerdem schon gewohnt, mit Sonderveranstaltungen wie Arthouse-Filmen oder Künstlerporträts beglückt zu werden.

TIPP

Jeden Abend stehen 150 Plätze zur online-Reservierung über die Homepage der Betreiber zur Verfügung.

Das Cinema Paradiso ist mehr als nur ein Open-Air-Kino. Unter einem rot-gelb gestreiften Zirkuszelt werden allabendlich kühle Getränke und frisch zubereitete Snacks serviert. So gestärkt verbringen auch die zur Filmvorführung zu spät Gekommenen den Abend zwar ohne Kino-Kopfhörer und nicht vor der Leinwand, aber eben doch in angenehmster Umgebung. Kurz vor Betreten des Grieser Stegs, auf der Grünfläche Richtung Donau, findet man dieses versteckte Juwel. Die Regensburger Sommernächte werden hier zu dem gewissen Extra, das diese Stadt so besonders und liebenswert macht.

- Cinema Paradiso, Proskestraße, 93059 Regensburg
  www.cinemaparadiso-regensburg.de
- ÖPNV: Buslinien 3/4/8, Haltestelle Eiserne Brücke

CINEMA
PARADISO
The Tempest
Hans Wurst

Kulinarik, Kunst & Konzerte

10 Der Leere Beutel

Mitten im Herzen von Regensburg steht ein in den Jahren 1597/98 errichtetes Gebäude, ein ehemaliger Getreidespeicher. Von dem Getreidespeicher ist mittlerweile nicht mehr viel zu erkennen, lediglich die offenliegenden Balken und alten Mauern, die im Inneren des ganzen Hauses bewundert werden können, erinnern noch daran. Der Leere Beutel, dessen Name sich vom ursprünglichen Wort für Getreidesack (Lare-den-Pautel) ableitet, ist heute viel mehr als das. Unter nur einem – zugegebenermaßen sehr großen – Dach findet der Besucher kulinarische Spezialitäten, Kunstausstellungen und Jazzkonzerte. Menschen, die auf der Suche nach etwas Außergewöhnlichem sind, sind hier genau richtig. Das Ausgehen wird leicht gemacht: Jeder Gast wird sofort Teil des Ganzen und verbringt im Leeren Beutel glückliche Stunden.

Mit der Sanierung konnte im Jahr 1980 eines der markantesten historischen Bauwerke der ehemaligen freien Reichsstadt erhalten und seiner neuen Bestimmung als Galeriegebäude und Kulturzentrum übergeben werden. Im Restaurant, das der Slow-Food-Bewegung folgt, erwarten den Genießer Mittagstisch oder Abendessen in romantischer Atmosphäre. Die Köche verstehen es, mit einer kreativ interpretierten regionalen Küche zu überraschen. Im Erdgeschoss des Hauses befindet sich neben dem Restaurant auch der große historische Festsaal, der für Veranstaltungen gemietet werden kann. Der Saal dient aber auch den vom Jazzklub Regensburg e.V. eingeladenen Jazzmusikern als Location, ihr Können zum Besten zu geben. Der erste Stock beherbergt neben Büroräumen und dem Jazzclub auch Ausstellungsräume und eine Filmgalerie, in der ausgewählte Filme ausgestrahlt werden. Während in der Städtischen Galerie im zweiten Obergeschoss wechselnde Ausstellungen stattfinden, befindet sich im dritten Obergeschoss die „Sammlung Ostbayerischer Kunst des 20. und 21. Jahrhunderts“. Genuss für Auge, Ohr und Gaumen in nur einem Haus. Herz, was willst du mehr, um glücklich zu sein?

- Leerer Beutel, Bertholdstraße 9, 93047 Regensburg, Tel. (09 41) 5 89 97
www.leerer-beutel.de
- ÖPNV: Buslinien 1/3/4/8/11, Haltestelle Dachauplatz

Laue Abende beim Bruckmandl

11

Auf der Steinernen Brücke

Es gibt nicht viel, dass das Gefühl toppen könnte, das letzte Eis des Tages mit musikalischer Begleitung auf der Steinernen Brücke unterm Bruckmandl sitzend zu genießen und sich einfach des Lebens zu freuen. Als eines der wichtigsten Wahrzeichen der Stadt hat es das Bruckmandl nicht nur in die Sammlung der Sagen der Stadt geschafft. Ihm wurde sogar ein eigenes Bier gewidmet.

„Abgemacht", sagte einst der Brückenbaumeister von Regensburg zu seinem Rivalen, dem Dombaumeister, und sie reichten sich ein letztes Mal die Hand. Mit diesen Worten wurde die wohl legendärste Wette unserer schönen Stadt geschlossen, die uns die zwei wichtigsten Wahrzeichen – den Dom und die Steinerne Brücke – bescherte und am Ende durch List und Betrug doch tragisch endete. Gewinner sei derjenige, der sein Bauwerk zuerst fertigstellen würde, so hatten sie es vereinbart. Der Brückenerbauer, sich seiner schwindenden Chancen gegenüber dem geschickten Dombaumeister bewusst werdend, schloss einen Pakt mit dem Teufel. Als Gegenleistung versprach er ihm die ersten drei Seelen, die die Brücke überqueren würden. Als die Brücke wahrhaftig vor dem Dom fertig wurde, stürzte sich der betrogene Dombaumeister voller Scham, den Kopf in einem Eimer versteckt, von seinem nahezu fertigen Bauwerk. Schadenfroh thronte sein Gegenspieler auf seiner Brücke und beobachtete die Szene. So sitzt unser Bruckmandl auch heute noch am Scheitelpunkt der Steinernen Brücke und schaut hinüber zum Dom.

TIPP

Der stürzende Dombaumeister kann auf der nord-östlichen Seite des Doms entdeckt werden.

In den letzten sechs Jahren wurde die Figur aufwendig in Handarbeit restauriert. Da der Arm in die Donau gefallen war, musste das Bruckmandl seinen Platz verlassen. Seit dem Frühjahr 2018 ist es endlich zurück und wieder Treffpunkt für Touristen und Einheimische zugleich. Während Erstere in den Tagesstunden dominieren, treffen sich an schönen Sommerabenden gerne Musiker, Sänger und Genießer beim Bruckmandl, um nach Sonnenuntergang bis in die Nacht zusammen vor der beleuchteten Stadtkulisse zu jammen.

- Bruckmandl, Steinerne Brücke, 93047 Regensburg
- ÖPNV: Buslinien 1/4/11/N6, Haltestelle Thundorferstraße

Brot & Kaffee in Perfektion

12 Das Café ANNA

Alle Liebhaber von Marmeladenbrot und Kaffee kommen im ANNA ganz gewiss auf ihre Kosten. Denn das tut ANNA auch – Brot und Kaffee lieben. So steht es schon in goldenen Buchstaben über dem Eingang. Das ANNA-Team möchte damit allen Gästen mit einem Augenzwinkern sagen, dass sie nicht nur mit Leidenschaft Brot und Kaffee zubereiten, sondern dass sie auch tatsächlich lieben, was sie tun.

Klar, dass im ANNA Kaffeespezialitäten und Brotgerichte im Vordergrund stehen. Wie vielseitig Brot sein kann, wird bei einem Blick auf die riesige Karte, die hinter dem Selbstbestellungstresen hängt, offenkundig. Neben getoastetem Brot mit diversen Füllungen gibt es vor allem eine wirklich große Auswahl an Brotaufstrichen. Von Aufstrichen mit Fisch und Wurst bis hin zu veganen Variationen ist hier für jeden Gaumen etwas dabei. Am Wochenende befindet sich auf den Tischen eine gesonderte Frühstückskarte mit Angeboten, die alle nach Orten in Regensburg benannt sind.

Das ANNA ist in einem geschichtsträchtigen Ort Regensburgs beheimatet, einer alten Schnupftabakfabrik. Das Lokal hat zwei Außenbereiche, einen überdachten im Eingangsbereich, der andere Außenbereich befindet sich direkt am Gutenbergplatz. Besonders zweiterer ist im Sommer oft bis auf den letzten Stuhl besetzt, da sich hier die Leckereien im Sonnenschein genießen lassen können.

Im ANNA merkt der Gast, dass das Team eine Leidenschaft für die wirklich guten Dinge hat und sich für die Produkte und die Gäste Zeit nimmt. Diese Leidenschaft geht auf den Gast über, wenn er in einer wahren Pause einen Moment innehält, ganz bewusst sein koffeinhaltiges Getränk und seine Gebäckspezialität genießt. Zu erwähnen ist auch die Möglichkeit, zusätzlich einen „Kaffee fürs Brett“ zu kaufen, der in Form eines Gutscheins in die Nähe der Eingangstür gehängt wird. So können Leute, die ein geringeres oder gar kein Einkommen haben, dank des Gutscheins trotzdem in netter Gesellschaft einen guten Kaffee trinken.

- ANNA liebt Brot und Kaffee, Gesandtenstraße 5, 93047 Regensburg, Tel. (09 41) 20 60 23-0, www.anna-cafe.de
- ÖPNV: Buslinie A, Haltestelle Gutenbergplatz

Zwei Türme als Wahrzeichen

13 Der Regensburger Dom

Er ist *das* Wahrzeichen Regensburgs, er ist Geschichtenerzähler, Touristenmagnet und Gotteshaus zugleich und das meistfotografierte Motiv der Stadt. Der Regensburger Dom ist ein wirkliches Wunderwerk. Wenn man den Schwibbogen des Römerturms durchschreitet und auf dem Domplatz stehend seinen Blick nach oben richtet, kann man nicht anders, als Ehrfurcht zu empfinden vor der Geschichte, die dieses Bauwerk verkörpert und der Kraft, die es ausstrahlt.

Bereits im Mittelalter dominierte der Dom das Stadtbild. Das Gotteshaus steht auf einem mehrere Meter hohen Sockel, halb so hoch wie ein durchschnittlich großes Haus. Damals zählte Regensburg zu den wichtigsten deutschen Städten. Vom Beginn des Dombaus in der zweiten Hälfte des 10. Jahrhunderts entstand hier über die Zeit hinweg eine imposante Kathedrale. Die Türme und der obere Teil des Querhauses folgten später, bis der Bau um 1872 endlich fertig gestellt und St. Peter zu Regensburg zu einer der bedeutendsten klassisch-gotischen Kathedralen Süddeutschlands wurde.

Die kunstvoll verzierte Außenfassade ist noch heute ein absoluter Hingucker. Um einige der über 170 Steinfiguren ranken sich abenteuerliche Legenden. Im Inneren des Doms herrscht eine ehrfürchtige Stimmung, die ab und an von den klaren Stimmen der Domspatzen durchbrochen wird. Neben den reich verzierten Wänden und Säulen lockt vor allem der Domschatz im Untergeschoss. Die Hauptattraktion jedoch ist der Regensburger Dom an sich. Hoch thronen die Türme des Doms über den Dächern der Altstadt, so hoch, dass man sie von nahezu überall sehen kann. Von Norden betrachtet scheint der Dom wie ein Edelstein aus dem zerklüfteten Häusermeer der Altstadt zu erwachsen, von Süden hebt sich das einzigartig gestaltete Langhaus deutlich hervor, von Osten ragt das Querhaus steil auf und wird von den mächtigen und doch so filigran anmutenden Türmen gekrönt und von Westen gesehen prunkt die reich verzierte Fassade über dem Domplatz. Der Regensburger Dom strahlt eine Eleganz aus, die jeden verzaubert.

● Dom St. Peter, Domplatz 1, 93047 Regensburg,
Tel. (09 41) 5 97-16 62 (Infozentrum), www.bistum-regensburg.de
● ÖPNV: Buslinie A, Haltestelle Domplatz

Sommer, Sonne, Beerenliebe

14 Die Beerenmeile mit Café

Es gibt doch in der warmen Jahreszeit kaum etwas Wohlschmeckenderes als Erdbeeren, Himbeeren, Johannisbeeren, Brombeeren oder Heidelbeeren. Die kleinen süßen Früchtchen werden von Klein und Groß geliebt. Am schönsten ist es, wenn man sich das schmackhafte Obst selbst pflücken kann. Das ist in Regensburg auf einem großen Gelände an der Papstwiese möglich. Neben den Früchten wartet dort aber noch viel mehr, das den Besucher glücklich macht.

Die Beerenmeile liegt direkt vor den Toren Regensburgs. Auf knapp 70.000 Quadratmetern stehen Tausende Pflänzchen in Reih und Glied. Mit der fruchtigen Meile warten seit 2008 ein Platz der Erholung und Entspannung sowie die Möglichkeit, frische Beeren selbst zu pflücken, bereits gezupfte Früchte abzuholen oder eine gemütliche Zeit im Beerencafé zu verbringen. Es gibt selbst gebackene Kuchen mit Beeren, Fruchtsaftmischungen und Shakes, die aus möglichst vielen Zutaten aus dem eigenen Beerenanbau zubereitet werden. Außerdem können auch pikante Speisen erworben werden.

Viele Familien nutzen die Beerenmeile für einen Ausflug. Die kleinen Gäste können sich auf dem kleinen Wasserspielplatz, im Strohlabyrinth oder auf dem großen Holztraktor vergnügen, während die Erwachsenen auf Strohbänken, Gartengarnituren oder Bierbänken sitzen. Wer nun das Meckern von Ziegen oder das Gackern von Hühnern hört, der irrt nicht. Auch eine überschaubare Anzahl an Tieren, die sich gern streicheln lässt, hat ihr Zuhause auf dem Gelände gefunden. Das Highlight für alle, die Lust auf ein kleines Abenteuer haben, ist alljährlich das 25.000 Quadratmeter große Maislabyrinth, in dem an zwölf Stationen verschiedene Rätsel warten. Nachdem der Orientierungssinn dort erfolgreich getestet wurde, kann am Lagerfeuer Platz genommen und Stockbrot gegrillt werden.

Beim Aufenthalt an diesem sonnigen Plätzchen fühlt man sich weit entfernt von jeglichem Großstadtlärm und Alltagsproblemen. Hier kann man Wärme, Energie und natürlich Vitamine tanken. Es kann wohl kaum etwas Schöneres geben!

- Beerenmeile, Unterislinger Weg 34, 93053 Regensburg
  www.beerenmeile.de
- ÖPNV: Buslinie 3, Haltestelle Continental Arena

Kreative Kisten

15 Einkaufen im Donaustern

Mit dem Donaustern ist Regensburg um einen ungewöhnlichen kleinen Laden reicher. Nicht nur wegen der einzigartigen Werke, die hier angeboten werden, sondern vor allem wegen der wunderbaren Idee, die hinter dem Geschäft in der malerischen Brückstraße steckt. Das Prinzip ist einfach und wegweisend zugleich: heimische Produkte für die Kunden vor Ort. Hier gibt es keinen Online-Versand, keine Importe aus fernen Ländern, keine Billigwaren. Es gibt ehrliche Kreationen von kreativen Künstlern und Designern sowie Gaumenfreuden von kleinen, aber feinen Food-Manufakturen vor allem aus Regensburg und dem Umland, aber auch aus ganz Deutschland. Wer auf der Suche nach handgemachten und blickfangenden Unikaten ist, nach Werken, hinter denen Visionäre und spannende Geschichten stehen, der wird hier sicherlich fündig werden. Ob Kunst, Kleidung oder Schmuck, praktische Gadgets, stilvolle Deko oder Delikatessen – die Vielfalt ist fast unbegrenzt.

Der Name „Donaustern" stand ursprünglich für das eigene Kreativ-Label der heutigen Betreiberin Marion Achhammer, die sich selbst passend als „Kreativling" bezeichnet. Seit 2010 fertigt die Regensburgerin hübsche Accessoires für die Kleinen und Großen. Das Geschäft, das 2017 eröffnete, verkauft Unikate und ist selbst ein absolutes Unikat. Ausgestellt werden die Werke in alten Weinkisten. Jedes Label, jedes Produkt bekommt so sein eigenes Reich. Es scheint, als wären hier lauter kleine Schaufenster gestaltet worden, jedes individuell gefüllt und auf seine eigene Weise besonders. Wenn etwas selbst gemacht und einzigartig ist, dann passt es zum bunten Sortiment.

Der Donaustern strahlt hell am Regensburger Einkaufshimmel. Er strahlt dabei vor allem Wertschätzung aus für das Individuelle, das Mutige, das Verrückte und das Schöne. Das Motto, das die Homepage des Donausterns ziert, ist hier Programm: A bissl was von allem Guten!

- Donaustern Mit Herz & Hand, Brückstraße 3, 93047 Regensburg, Tel. (09 41) 63 08 34 24, www.donaustern.de
- ÖPNV: Buslinien 1/4/11/N6, Haltestelle Thundorferstraße

HANS
Brainfood
HANS
Brainfood
HANS
Brainfood

Pizza wie in Neapel

16

Die Pizzeria Balboa

Rocky Balboa sagte einst: Die Welt besteht nicht nur aus Sonnenschein und Regenbögen. Stimmt! Es gibt nämlich auch Pizza. Und die isst man in Regensburg am besten im Balboa. Hier in der Oberen Bachgasse lebt man für gute Musik, neapolitanische Speisen und die namensgebende Kultfigur. Der Duft der traditionell mit dickem Rand im Steinofen gebackenen Pizza zieht von hier durch die Regensburger Gassen und lockt Besucher in das stylische Lokal. Die schwarzen Metrofliesen-Wände zieren neonfarbene Leuchtschriften und Bilder des Kultboxers. Ab 22 Uhr dominieren Musik und Barbetrieb den Ring. Aber nicht nur der Innenbereich ist ein absolutes Highlight junger Gastronomie. Durch eine kunstvoll bemalte Passage schreitet man wie durch ein Tor in eine andere Welt. Der authentische italienisch gestaltete Hinterhofgarten lässt nichts von dem Trubel der belebten Altstadt vermuten, von dem man eben noch ein Teil war. In diesem Ambiente zwischen üppiger Bepflanzung und Kunstwerken will man einfach nur genießen und verweilen. Glücklicherweise ist man hierfür am goldrichtigen Ort. Während der eisgekühlte Aperitif serviert wird und die Musik im Hintergrund die Stimmung bereitet, vergehen laue Sommernächte wie im Flug.

Die Gerichte tragen ausgefeilte Namen wie „Italian Stallion“ oder „Ivan Drago“ und halten ihre Versprechen. Bei der geschmackvollen Auswahl steht man vor der Qual der Wahl. Was das Balboa auszeichnet, ist die Verbindung von gelebter Tradition und Moderne. Die ausgefeilten vegetarischen und veganen Speisen sowie die umwerfenden Pizzen sprechen für sich. Das Balboa will anders sein und noch mehr. Hier verbindet sich gekonnt das Beste aus allen Bereichen.

Regensburg wird nicht ohne Grund die nördlichste Stadt Italiens genannt. Seit 2018 hat dieser Titel dank dem Balboa einen neuen Berechtigungsgrund. Die weite Fahrt nach Bella Italia kann man sich also guten Gewissens sparen, denn das Lebensgefühl des Dolce Vita ist schon längst Teil Regensburgs.

- Balboa, Obere Bachgasse 8, 93047 Regensburg, Tel. (09 41) 56 56 83
www.balboa-regensburg.de
- ÖPNV: Buslinie A, Haltestelle Neupfarrplatz

Balboa
AVERNA
Balboa
PIZZA
VEGAN
SORRENTO

Auf Schatzsuche im Trödel

17

Der Flohmarkt auf dem Dultplatz

Mit glitzernden Augen liegt der alte Tiger zwischen einem verrosteten Metallschild und der Lichterkette des letzten Weihnachtsfestes. Ganz so weich wie früher ist sein Fell nicht mehr, es hat auch bereits einige dünne Stellen. Aber als ihn nach vielen Jahren im Dschungel der Kellerregale freudig zwei kleine Kinderhände greifen und nicht mehr loslassen, wird er endlich wieder geschätzt und geliebt.

So wie dem alten Stofftiger ergeht es jährlich vielen Tausenden Kuscheltieren, die ihren Weg auf die Flohmärkte finden. Vier Mal im Jahr wird auf dem Regensburger Dultplatz, der außerhalb der Volksfestzeit eigentlich als Parkplatz dient, für jeweils drei bis vier Tage der größte Flohmarkt der Stadt veranstaltet. Auf mehr als 123 Quadratmetern kann man hier stundenlang durch die beidseitig von insgesamt gut 1200 Marktständen gesäumten Gassen laufen und sich in der Vielfalt der Waren und ihrer Geschichten verlieren. Angeboten werden – um bei der Wahrheit zu bleiben – nicht nur schöne und antike, auch nicht ausschließlich interessante, ansprechende Waren. Wie überall gibt es natürlich auch viel Ramsch. Aber genau darin liegt der Reiz für Schnäppchenjäger. Wer kann schon ahnen, welche Wertobjekte sich in der Kiste mit den gänzlich langweilig wirkenden Zeitschriften aus den 1960ern befinden, ohne diese selbst zu durchwühlen. Die oft langwierige Suche wird belohnt, wenn man seinen persönlichen Schatz endlich gefunden hat.

TIPP
Da die Aussteller wechseln, findet man jeden Tag viele neue Angebote.

Zum Flohmarkt gehört, neben dem Suchen und dem Handeln, natürlich auch die soziale Komponente. Hier trifft man nicht selten auf Bekannte und Freunde. Die Nähe zu den Cafés der Stadt lädt dann zum späten Brunch ein – der perfekte Abschluss eines gelungenen Vormittages.

Auf dem Regensburger Dultplatz-Flohmarkt finden Spielsachen, allerlei Gegenstände und Kleidung aus mehr oder weniger weit zurückliegenden Tagen glückliche neue Besitzer. Eine Vorstellung, der die schlichte Bezeichnung „Flohmarkt“ nicht annähernd gerecht wird.

- Flohmarkt Dultplatz, 93059 Regensburg
  www.meine-flohmarkt-termine.de
- ÖPNV: Buslinie 17, Haltestelle Dultplatz

Herzstück der Kreativität

18

Das Degginger

Die Vielfalt der Kultur und Kreativwirtschaft in Regensburg hat ein Zuhause. Das Degginger in der Wahlenstraße ist ein Muss für all jene, die das Schöne und Künstlerische lieben und den kulturellen Austausch zu schätzen wissen. Die Künstler und deren vielfältige Kunst sichtbar zu machen und zu fördern, das haben sich die Betreiber zum Ziel gesetzt und Regensburg mit dem Degginger ein Kreativquartier geschenkt, das seinesgleichen sucht. Dem denkmalgeschützten Haus im Herzen der Altstadt wurde so dauerhaft Leben eingehaucht. An warmen Sommertagen lässt sich hier von einem Freisitz aus das rege Treiben auf der Wahlenstraße beobachten.

Das Degginger ist ein geförderter Raum für Ideen und ein Ort des Austauschs, den die Kreativen hier gestalten und füllen können. Es ist ein bunter Ort für Austausch, Vernetzung und Gespräche. Man trifft sich hier zum Co-Working, zum gemütlichen Kaffeetrinken, probiert die täglich wechselnden Mittagsgerichte nach kreativen Rezepten aus der ganzen Welt oder besucht eine der zahlreichen Veranstaltungen. Das vielfältige Programm richtet sich an alle Regensburgerinnen, Regensburger und interessierte Besucher von nah und fern. Poetry-Slams, Lesungen, Konzerte, Ausstellungen, Präsentationen, und Workshops – für all das bietet das Degginger als kreativer Hotspot Regensburgs bereitwillig Platz. Am Wochenende lädt regelmäßig feinste Livemusik von lokalen und internationalen Künstlern zum Tanzen und Zuhören ein.

TIPP

Im Degginger POP-UP-Raum gibt es regelmäßig Neues zu entdecken.

Kreativ sind nicht nur die Menschen, die im Degginger zu finden sind, auch die Einrichtung des Lokals ist anders als all das, was Regensburg sonst zu bieten hat. Die Mischung aus Rohren, die deutlich an der Decke sichtbar sind, die ineinander verwirrten roten Lampenkabel, die sich durch den ganzen Raum ziehen oder die alten Schulstühle und dunkelroten Ledergarnituren sind sensationell. Das Degginger ist ein belebter Ort, vor allem aber ein Ort des Lebens.

- Das Degginger, Wahlenstraße 17, 93047 Regensburg, Tel. (09 41) 5 07–38 58
  www.regensburg.de/degginger
- ÖPNV: Buslinie A, Haltestelle Altes Rathaus

DESIGNPROZESS

Mit den Zehen in der Donau

19

Die Sandbank an der Eisernen Brücke

Bald geht die Sonne unter und schickt ihre letzten gelbwarmen Strahlen zwischen Dom und Steinerner Brücke hindurch auf die gegenüberliegende Uferpromenade. Hier, am Fuße des Eisernen Stegs auf einer kleinen Sandbank aus Donaukies, machen es sich Freunde, Familien und verliebte Pärchen regelmäßig zum Sonnenuntergang gemütlich. Erreicht werden kann der kleine Strand über eine Treppe, die am nördlichen Ende der Eisernen Brücke über einen begrünten Abhang zum Wasser führt. Seit wann die Sandbank besteht, welche glücklichen Strömungen dazu führten – dies alles ist unbekannt und wurde wohl nie dokumentiert. Viele Hochwasser haben in den letzten Jahren dafür gesorgt, dass dieser beliebte Platz immer wieder in der Donau verschwand. Die Wünsche der Regensburger wurden jedoch jedes Mal erhört, und die kleine Steininsel tauchte wieder auf. Je nach Wasserstand ist dieser spezielle Ort eine Insel und nur zu erreichen, indem man durch das flache Wasser watet. Wegen der auch am Ufer deutlich vorhandenen Strömung ist es hier zwar nicht möglich (und auch nicht erlaubt) in der Donau zu baden, aber auf den abflachenden Steinen im fließenden Wasser zu sitzen und den einmaligen Ausblick auf die wohl schönste Stadtkulisse zu genießen, ist eigentlich noch viel besser. Egal ob zum Feiern, zum Picknicken oder einfach zum gemeinsamen Träumen, die Regensburger Donau-Sandbank ist ein so romantischer Ort, dass sie allabendlich eine bunte Mischung an Besuchern anzieht.

Die Natur schafft immer noch die schönsten Plätze. Dieser Satz wird all denen wieder und wieder bestätigt, die mit offen Augen und offenen Herzen durch das Leben gehen. Hierfür ist die Donau-Sandbank ein wunderbares Beispiel. Dieser Ort weckt selbst bei alteingesessenen Regensburgern die Lebensfreude – das kann ein künstlich angelegter Platz kaum jemals erreichen. Hektik und Stress sind dort unten nicht willkommen und stören nicht das Sommerabendgefühl, das hier regiert.

- Eiserne Brücke, 93059 Regensburg
- ÖPNV: Buslinien 3/4/8, Haltestelle Eiserne Brücke

In der kleinsten Bücherei

20 Die Bücher-Telefonzelle

Die Digitalisierung hat eine Vielzahl an Erleichterungen für den Alltag hervorgebracht, und viele werden noch folgen. Obwohl die Technik schon vor geraumer Zeit auch bereits Einzug in die Welt der Bücher gehalten hat, erfreut sich das gedruckte Wort zum Glück aller Lese-Romantiker weiter großer Beliebtheit. Das Lesen selbst ist dabei aber nur eine der vielen Zutaten zum Glücklichsein. Ein fantasievolles oder besonders spannendes Buch möchte man gerne weitergeben und die Freude teilen. Bücher-Tauschbörsen, die dies ermöglichen, findet man im Internet zuhauf. Eine analoge und nahezu familiäre Möglichkeit, seine Schätze an andere Interessierte weiterzureichen, sind sogenannte „Bücher-Telefonzellen".

Bibliotheken haben gerade in Studentenstädten wie Regensburg einen verstaubten Ruf. Für viele sind sie ein Phänomen älterer Generationen. Dieses Schicksal teilen sie mit der Telefonzelle, die den Kampf gegen das Smartphone verlieren musste. Dennoch waren es junge Menschen, die die Bücher-Telefonzelle in Stadtamhof aufstellten und seither pflegen. In der kleinsten Bücherei Regensburgs gibt es keine Leihfristen. Jeder darf in den neu entdeckten Werken schmökern, solange es ihm beliebt und diese sogar behalten. Um für stetigen Nachschub zu sorgen, sind die Besucher angehalten, eigene Bücher in die Telefonzelle zu stellen. Dadurch wird ein Tauschverhalten gefördert, das aber keineswegs verpflichtend ist. Voraussetzung ist natürlich, dass sich die Bücher in einem weitgehend guten Zustand befinden.

Wer die unterhaltsamen oder lehrreichen Welten des geschriebenen Wortes zu schätzen weiß, der wird das Prinzip des Büchertausches lieben. In der rund um die Uhr geöffneten Telefonzelle wurde schon so manches Kunstwerk entdeckt, das ohne diese Möglichkeit verborgen geblieben wäre. Auch wenn man wahrscheinlich nur selten einen der anderen Leser persönlich kennenlernen wird, so beschert es doch einen Glücksmoment zu wissen, dass ein Buch niemals ausgelesen sein wird.

- Bücher-Telefonzelle, Nordende Grieser Steg, 93059 Regensburg
- ÖPNV: Buslinie 17, Haltestelle Stadtamhof

Which way which way...

Schokoladig, cremig, fruchtig

21 Die Kuchenbar in Stadt am Hof

Kuchen am Morgen vertreibt Kummer und Sorgen. Oder wie war das gleich noch einmal? Kuchen geht immer. Egal, ob morgens, mittags oder abends. Das Glücksgefühl, wenn die Gabel das erste kleine Kuchenstück aufspießt und sich damit dem Mund nähert. Das süße Gebäck – ein Geschmackserlebnis. Na, Lust auf ein leckeres Stück Kuchen bekommen?

In Regensburg gibt es viele Konditoreien, Bäckereien und Cafés, die wirklich guten Kuchen anbieten. Aber ein winziges Lokal lässt die Herzen der Kuchenliebhaber besonders hochhüpfen. Die Rede ist von der Kuchenbar. Diese liegt eigentlich ziemlich unscheinbar am Ende der Straße und macht auf den ersten Blick nicht wirklich viel her. Aber für die variantenreiche Kuchenauswahl wird hier schon einmal Schlange gestanden, und vor allem an Wochenenden kann es passieren, dass diese Schlange sogar bis auf die Straße reicht. Doch davor sollte niemand zurückschrecken. Anstellen und warten, so lautet die Devise, denn niemand wird die Wartezeit bereuen, das ist ganz sicher. Hat man es zur Vitrine geschafft, wartet die größte Herausforderung. Zartbitter-Himbeer-Kuchen, Erdnussbutter-Karamell-Tarte, Pistazientorte, Nougat-Crostata, Pflaume-Walnuss-Streusel, Double-Chocolate-Cheesecake oder doch ein Stück mit frischen Früchten? Die Entscheidung fällt bei der hübschen und wohlklingenden Auswahl nie leicht. Falschliegen kann der Gast aber wirklich nie. Alle Kuchensorten schmecken einfach vorzüglich.

An schönen Sommertagen nehmen die Kuchenliebhaber die Straße vor dem Haus in Beschlag und genießen auf Stühlen oder Kissen, die auf der Mauer liegen, ihre Leckereien. Dazu gibt es kalte Getränke oder Kaffee. Reicht der Platz vor der Kuchenbar nicht mehr aus, kann das Tablett auch einfach mit über die Straße genommen werden. Dort auf den Treppenstufen neben einer ausgesonderten Lokomotive lässt es sich in der Sonne mindestens genauso gut essen, trinken und das Leben genießen. Ein gutes Stück Regensburger Dolce Vita.

- Kuchenbar, Am Protzenweiher 1, 93059 Regensburg, Tel. (09 41) 38 21 69 95 www.kuchenbar-regensburg.de
- ÖPNV: Buslinie 17, Haltestelle Stadtamhof

illy

Rätselhafte Kunst ohne Regeln

22 Der Max-Buchhauser-Garten

Wer sich Regensburg über die Bundesstraße 8 aus westlicher Richtung nähert, wird in der Frankenstraße den Blick verwundert Richtung Donau wenden und sich fragen, ob ihn seine Reise an einen geheimnisvollen Ort weit entfernt vom schönen Bayern geführt hat. Etwas versteckt lugt aus einer verwilderten Grünfläche zwischen Frankenstraße und Donau-Kanal nämlich ein Gesamtkunstwerk aus vielen einzelnen Steinmonumenten hervor. Es wirft zunächst viele Fragen auf – die aber niemand beantworten kann und die vielleicht auch gar nicht beantwortet werden müssen. Beinahe mystisch wirken die fein herausgearbeiteten Bilder und bedürfen auch keinerlei Erklärung. Jeder Besucher kann sich seine eigene Geschichte zu den bis zu drei Meter hohen an Stelen erinnernden Säulen ausdenken.

Durch den Bau der Frankenbrücke in den 1970ern musste die hier vormals von einer Regensburger Familie betriebene Gärtnerei aufgegeben werden. Was blieb, ist der heute noch unbebaute Acker.

Frei von jeglichen Verpflichtungen begab sich der einstige Inhaber auf Reisen, während derer er Inspirationen und Motive sammelte. Die verarbeitete er, zurück in Regensburg, zu den heute noch erhaltenen Skulpturen. Die Skulpturen stellen eine bewusst chaotisch gestaltete Mischung verschiedener Stile aus mehreren Epochen dar. Von den Ägyptern über die Griechen bis hin zu den Römern: Der kreativen Gestaltung waren keine Grenzen gesetzt. Mit dieser Kombination erreicht der Skulpturengarten eine Komplexität, die bei jedem Besuch aufs Neue zu überraschen und fesseln vermag. Ganz sicher birgt jedes der einzigartigen Steinmonumente ein Geheimnis, das deren Schöpfer bis zu seinem Tod jedoch nicht preisgab.

Die kostenlos zugängliche Anlage an abgelegener Stelle wirkt wegen der Monumentalität der seltsamen einzelnen Kunstwerke unbeschreiblich bizarr und zugleich inspirierend. Der Skulpturengarten ist deshalb und trotz fehlender touristischer Erschließung zu einem inoffiziellen Wahrzeichen Regensburgs geworden.

- Max-Buchhauser-Garten, Frankenstraße, 93059 Regensburg
- ÖPNV: Buslinien 12/28, Haltestelle Würzburger Straße

Historischer Genuss

23 Das Café Prinzess

Geheimnisvolle Sagen ranken sich um die Geschichte des Kaffeekultes. Schenkt man ihnen Glauben, so geschah es im Kaiserreich Abessinien, dass ein Hirte die belebende Wirkung vor undenklichen Zeiten entdeckte. Ob sich die Geschichte des kaffeetrinkenden Hirten wirklich so ereignete, mag dahingestellt sein. Jedenfalls kam der Kaffee auch nach Europa und mit ihm die Kaffeehäuser, die bald zum Mittelpunkt des geselligen Lebens wurden. Seit 1663 waren in Regensburg Kurfürsten, Fürsten und Gesandte des Abendlandes zum Immerwährenden Reichstag versammelt und pflegten die kultivierte Geselligkeit. Es war hier im Herzen der Freien Reichsstadt, wo 1686 Deutschlands erstes Caféhaus eröffnet wurde. Betritt man heute den Rathausplatz in Regensburg, nimmt man unvermittelt den Duft frisch gemahlenen Kaffees wahr. Wer dieser betörenden Verführung folgt, findet sich bald vor dem Schaufenster des Café Prinzess wieder, ebendiesem ersten Caféhaus Deutschlands.

Gegenüber des Alten Rathauses führt die Familie Giebelen mit dem Prinzess-Konditorei-Café die Tradition der alten Regensburger Kaffeestuben fort. Im Erdgeschoss befindet sich eine weit über die Grenzen Regensburgs hinaus bekannte Confiserie mit handgefertigten Pralinés, Kuchen und Torten, die das Schokoladenherz erfreut. Im ersten Obergeschoss liegt das eigentliche Café. In einem Raum prunken ein Kachelofen und eine Bar, ein im Jugendstil eingerichteter Bereich trumpft mit Marmortischen und Thonetstühlen auf. Im zweiten Obergeschoss findet man den salon de thè.

Neben aller Liebe zum modernen Kaffeekult kommt man nicht umhin, die deliziösen Pralinen des Café Prinzess zu verkosten, hinter deren Namen jeweils eine eigene Geschichte steckt. In den Räumlichkeiten der darüberliegenden Stockwerke sind die alten Zeiten Regensburgs noch deutlich spürbar. Schließt man hier die Augen und atmet den Duft des frisch gebrühten Kaffees ein, meint man fast, die Stimmen der hohen Damen und Herren zu hören, die sich hier einst regelmäßig verwöhnen ließen.

- Café Prinzess, Rathausplatz 2, 93047 Regensburg, Tel. (09 41) 59 53 10
www.cafe-prinzess.de
- ÖPNV: Buslinie A, Haltestelle Altes Rathaus

PRINZESS

Für die Ewigkeit

24 Das Kleine Kurfürstenzimmer

„Ja, ich will." Jeder, der diese drei Worte liest, kann sich dazu sofort eine passende Szene ins vor Augen rufen. Jedes Paar, das heiratet, wünscht sich einen unvergesslichen Tag. Dazu gehört neben einer großen Portion Emotionen auch der richtige Ort. Wer sich in Regensburg traut, kann diesen ganz besonderen Ort finden.

Mit seinem überragenden Turm und der auffälligen gelben Fassade zieht das Alte Rathaus die Blicke auf sich. In vergangener Zeit war das Gebäude, das bereits seit dem 13. Jahrhundert besteht, die Tagungsstätte des Immerwährenden Reichstages. Sein heutiges Aussehen verdankt es An- und Umbauten der letzten Epochen. An den ursprünglichen Bau erinnert noch der siebengeschossige Turm des Alten Rathauses. Heute ist das Alte Rathaus unter anderem der Sitz des Bürgermeisters und auch die Tourist Information fand hier ihren Platz.

Wer das Alte Rathaus besichtigen möchte, kann dies bei einem geführten Rundgang tun. Dabei wird neben dem historischen Reichssaal auch das Kurfürstenzimmer besichtigt, wo es heute noch immer festlich zugeht. Der Raum mit dem vornehmen Flair dient als Außenstelle des Regensburger Standesamtes und bildet an bestimmten Tagen im Jahr den stimmungsvollen Rahmen für Hochzeiten. Im Kurfürstenzimmer scheint die Zeit stehen geblieben zu sein: Die Wände sind mit dunklem Holz vertäfelt, einige der Holztafeln zieren filigrane Schnitzereien. Ein Blick zur Decke lässt den gleichen Stil erkennen. Ein riesiger Kronleuchter taucht den Raum in strahlendes Licht. Die mit dunkelrotem Leder bezogenen Stühle laden die Gäste zum Sitzen ein, während das Brautpaar am achteckigen Tisch Platz nehmen darf.

In einer geschichtsträchtigen Stadt, in einem geschichtsträchtigen Raum heiraten zu können, dieses Glück haben die Regensburger. Jeder Besucher, der sich im Kurfürstenzimmer umblickt, wird verstehen, warum es so beliebt ist. Und vielleicht pocht bei der Vorstellung, dort einmal als Braut oder Bräutigam im Glücksrausch zu stehen, das Besucherherz etwas schneller.

- Altes Rathaus, Rathausplatz 1, 93047 Regensburg, Tel. (09 41) 5 07-13 49 (Standesamt)
- ÖPNV: Buslinie A, Haltestelle Altes Rathaus

Warum in die Ferne schweifen?

25 Auf den Winzerer Höhen

Um sich in der freien Natur zu erquicken, muss man in Regensburg nicht erst in die Ferne schweifen. In unmittelbarer Nähe zur Stadt gibt es zahlreiche Möglichkeiten, die Ruhe und die Vielfalt der Natur zu genießen. Mit dem Fahrrad oder dem Öffentlichen Personennahverkehr erreicht man mit nur wenig Aufwand diese friedlichen Plätze und kann hier die Seele baumeln lassen. Ein besonderer Ort mit langer und bedeutender Tradition lockt – neben der Erholung im Grünen – mit dem besten Blick auf Regensburg.

Die an der Donau gelegenen Winzerer Höhen sind mit ihrem freien Ausblick auf die Altstadt ein beliebtes Naherholungsgebiet der Region. Der Name geht auf das Weindorf Winzer zurück, in dem von der Römerzeit bis ins 19. Jahrhundert in großem Stil Wein angebaut wurde. Noch heute sind viele der Weinberge in Familienhand und beglücken die Regensburger Jahr für Jahr mit feinsten Weinen. Die Winzerer Höhen sind heute das kleinste Weinbaugebiet Bayerns. Hier oben über Stadt und Fluss lockt die Natur mit einem breiten Freizeitangebot. So führt beispielsweise ein wunderbar kurzweiliger Rundwanderweg von den Weinbergen bis nach Adlersberg, der all die Gehfreudigen entzückt, ein Grillplatz beglückt all die Genießer.

Auf den Höhen fühlt man sich in der bayerischen Landidylle angekommen. Ein ganz besonderes Highlight stellen die Feuerwerke der Regensburger Dult dar, deren bunte Lichter und Funken man von nirgendwo anders als von hier besser beobachten kann. Die Winzerer Höhen sind genau der richtige Ort, wenn die Feuerwerke die unten liegende Stadt für kurze Momente in farbiges Licht tauchen, aber zu jeder Jahreszeit einen Ausflug wert. In den warmen Nächten der Sommermonate lässt sich von hier der romantische Sonnenuntergang bei einer Flasche Wein aus der Region bewundern.

Übrigens: Der einzige Rotwein – Salutaris – wird vom Regensburger Gartenamt ausgepflanzt und streng limitiert verkauft. Nur Regensburger Bürger, die ihren 90. Geburtstag feiern, bekommen eine Flasche geschenkt.

- Auf der Winzerer Höhe, 93059 Regensburg
- ÖPNV: Buslinien 12/28, Haltestelle Niederwinzer

Im Reich des grünen Drachen

26

Der Drachenspielplatz

Wer träumte als Kind nicht davon, als Ritter durch die Lande zu Reisen, auf der Suche nach immer neuen Abenteuern und Schätzen. Im Brixen-Park, auf dem Areal der ehemaligen Nibelungenkaserne, werden solche Kinderträume wahr. Hier wird ein ganz besonderer Schatz von einem großen grünen Drachen gehütet. Dieses schaurig-schöne Ungeheuer gehört zum ersten Inklusionsspielplatz Regensburgs, der im Oktober 2021, nach einer einjährigen Bauphase, offiziell eingeweiht wurde. Im Reich des grünen Drachen können Kinder barrierefrei und rollstuhlgerecht gemeinsam spielen und toben und kommen so – unabhängig von Alter, Geschlecht, Herkunft oder Fähigkeiten – auf ihre Kosten.

Die drei verschiedenen Spielbereiche der großen Spielskulptur, der „Drachenkopf", der „Drachenbuckel" und der „Drachenschwanz", bieten vielerlei Möglichkeiten zum Klettern und Balancieren, eine Rutsche, unterschiedliche Schaukeln, diverse Versteckmöglichkeiten und eine Aussichtsplattform. Ergänzt wird das Angebot durch spezielle Trampoline, ein rollstuhlgerechtes Karussell und einen Sandspieltisch, der unterfahrbar ist.

Der Anstoß zur Drachenform kam durch die mehrstufige und inklusive Beteiligung von Kindern und Jugendlichen, bei der eine Gruppe von Grundschülern eine detailreiche Zeichnung eines Drachen einreichte. Bei der Umsetzung arbeiteten das Regensburger Gartenamt, das Amt für kommunale Arbeit, die Inklusionsbeauftragten und der Inklusionsbeirat zusammen. Wichtig war, dass der Freiraum, der geschaffen werden sollte, nicht nur von einer Gruppe genutzt werden kann. Denn das würde dem Inklusionsgedanken widersprechen.

Nun bleibt nur noch zu sagen: Kinder klein und groß, auf zum Drachen! Hüpfen, klettern, rennen, rutschen, schaukeln, toben, lärmen – das alles ist hier im Schatten des Drachen ausdrücklich erlaubt. Die mutigsten Abenteurer werden dann bis in den letzten Winkel des Spielplatzes vordringen und wer weiß, vielleichtet finden sie sogar den gut versteckten Nibelungenschatz des grünen Drachen.

TIPP

Es gibt außerdem einen Boulder- und Kletterparkour, ein Beachvolleyballfeld und einen Wasserspielplatz.

● Drachenspielplatz im Brixenpark, Rudolf-Vogt-Straße 18, 93053 Regensburg
● ÖPNV: Buslinie 5, Haltestelle FOS/BOS

Romantik inmitten der Natur

27 Im Herzogspark

Parks – die grünen Lungen einer Stadt – bieten Raum für Entspannung und Ruhe. In Regensburg gibt es einige wirklich schöne Parkanlagen, darunter einige, in die man sich zurückzieht und an der frischen Luft alles andere um sich herum vergisst.

Der Herzogspark ist einer dieser außergewöhnlich malerischen Orte und mehr als nur eine Oase in der Natur. Die relativ kleine und auf mehrere Ebenen verteilte Anlage liegt versteckt am westlichen Rand der Altstadt Regensburgs und lädt zu langen romantischen Spaziergängen ein. Bereits im Mittelalter verlief hier die Stadtmauer. Heute besticht der Herzogspark vor allem durch sein kreativ gestaltetes Zusammenspiel von architektonisch wertvollen Denkmälern und liebevoll angelegten Grün- sowie Blumenflächen. Das Herzstück der Anlage bildet der wunderschöne Renaissancegarten. Hier wurde im Zuge der Parkgestaltung ein achteckiger, aus einem Stück gearbeiteter Brunnen aus Natursandstein freigelegt, dessen Seiten mit verschiedenen Motiven aus Heraldik, Botanik und Astronomie verziert sind. Er ist Mittelpunkt eines geometrisch angelegten kleinen Kieswegenetzes durch von niedrigen Buchsbaumhecken gesäumte und unterschiedlich bestückte Blumenrabatten. In einem der Beete werden zum Beispiel Pflanzen eingesetzt, wie sie aus den Dramen William Shakespeares bekannt sind. Auf der grünen Wiese der fast eineinhalb Hektar großen Anlage lässt sich die Picknickdecke perfekt ausbreiten. Baumriesen spenden Schatten im Sommer und verwandeln den Park im Herbst mit ihren bunten Blättern in ein Schauspiel der Farben.

Ob mit einem guten Buch, der Yogamatte oder einfach so, um dem hektischen Alltag für ein paar Stunden zu entfliehen – der Herzogspark ist die richtige Adresse. Für die Wissensdurstigen sind auf der gesamten Anlage Lehrpfade angelegt, die sich jeweils verschiedenen Themen der Natur widmen.

TIPP

Wer mehr wissen möchte, findet im sich an den Park anschließenden Naturkundemuseum Antworten.

- Herzogspark, Württembergstraße 8, 93049 Regensburg
- ÖPNV: Buslinien 6/11, Haltestelle Ostdeutsche Galerie

Hoch über dem Vergnügen

28

Im Riesenrad der Regensburger Dult

Wenn sich am späten Vormittag der angenehme Duft gebrannter Mandeln über den gesamten Platz ausbreitet, während die Luft vom unverkennbaren Geräusch der Fahrgeschäfte erfüllt ist, dann wissen die Regensburger, dass die Dultzeit angebrochen ist. Zweimal im Jahr, um genau zu sein im Mai und im September, ereignet sich auf dem Dultplatz ein Volksfest, das mit seinen Angeboten große und kleine Herzen höherschlagen lässt. Den weitaus reizvollsten Platz aber findet man hoch oben über dem bunten Treiben, in einem Wagen des Riesenrads. Weit entfernt von der Reizüberflutung unter einem kann man hier über den gesamten Platz und bis hin zur Altstadt blicken. Besonders romantisch ist die Fahrt, wenn die Sonne langsam untergeht und die bunten Lichter der Dult die einsetzende Dunkelheit weiter erhellen.

TIPP

Im Hahnzelt wird das Maibaumklettern zelebriert, bei dem Kletterer eine Freimaß gewinnen können.

Die seit dem Mittelalter im Herzen Regensburgs abgehaltenen Jahrmärkte wurden 1875 durch Beschluss des Stadtmagistrates verboten. Hierdurch erfuhr die seit 1389 stattfindende Dult in Stadtamhof so großen Zulauf, dass sie sich zu einem Volksfest entwickelte, das bis heute Tausende Besucher von weit über die Grenzen Regensburgs hinaus anzieht. Für Besucher aus anderen (Bundes-)Ländern ist die Dult eine wundervolle Gelegenheit, die Bayerische Tradition zu erleben, wie sie heute gepflegt wird.

Anders als bekanntere Volksfeste ist die Dult nämlich noch nicht zu einem reinen Rummel verkommen. Neben der Vergnügungsdult, die das eigentliche Volksfest darstellt, gibt es die räumlich abgegrenzte Warendult. Von Haushaltswaren bis zu Gewürzen, von Textilien bis zu Büchern ist die Auswahl stets groß, wobei besonders auf die Qualität der Waren Wert gelegt wird.

Ein Dultbesuch lässt die Erinnerungen an Zeiten aufleben, in denen man als Kind mit glänzenden Augen Stände und Fahrgeschäfte bewunderte, ohne zu wissen, wo es zuerst hingehen sollte. Auch heute noch verlocken Karussells, Naschereien und vieles mehr. Die jährliche Fahrt mit dem Riesenrad aber ist ein absolutes Muss.

● Regensburger Dult, Dultplatz, 93059 Regensburg
www.r-dult.com
● ÖPNV: Buslinie 17, Haltestelle Dultplatz

Der Glückspilz

29 Das Café im Milchschwammerl

Im Park an der Fürst-Anselm-Allee steht ein Fliegenpilz, den jeder Regensburger kennt. Früher standen hier die Kinder Schlange, um ihr Taschengeld für Süßigkeiten auszugeben, heute trifft man sich am Pilz auf einen Kaffee und zum Ratschen. Das „Milchschwammerl" ist seit mittlerweile mehr als 60 Jahren ein absolutes Kultobjekt.
Der „Milchpilz" wurde Anfang der 1950er-Jahre entwickelt: ein Fliegenpilz als Kiosk, in dem Milchprodukte angeboten werden sollten. Von solchen Pilzen wurden 50 Stück verkauft, nach Österreich, in die Schweiz, nach Italien und sogar nach Griechenland. Pilz Nummer 38 steht seither an seinem ursprünglichen Standort an der Allee, hat Höhen und Tiefen überdauert und ist zu einem unverkennbaren Wahrzeichen der Stadt geworden.
Das „Milchschwammerl" hat sich während dieser Zeit vom einfachen Milchkiosk über eine Dönerbude bis zum Café gewandelt, das heute noch bis in den späten Herbst sämtliche Regensburger beglückt. Beim „Milchschwammerl" gibt es keine sozialen Grenzen. Ob Bankangestellter, Rentner oder Schüler, alle treffen sich hier. Das liegt mit Sicherheit auch oder sogar vor allem an der besonderen Gabe des Inhabers, für jeden die richtige Ansprache parat zu haben. Er findet immer Zeit für einen kurzen Plausch oder längere Unterhaltungen. Selbst die Regensburger Straßenkehrer und Polizisten, die nicht zum Kaffeetrinken, sondern zum Arbeiten in der Allee unterwegs sind, wechseln gerne ein paar Worte, bevor sie weiterziehen.
Hier zu stehen, zu sitzen oder an der Theke zu lehnen und den geschäftigen Fußgängern hinterherzusehen, wie sie zwischen Bahnhof und Altstadt hin- und herwandern, hat etwas vollkommen Entspannendes. In solchen Momenten braucht es wahrlich nicht mehr zum Glücklichsein. Das wird einem besonders an Orten wie diesem bewusst. Manchmal genügt eben schon ein guter Kaffee in einer der grünen Oasen der Stadt und etwas Geschäftigkeit drumherum. Jeder, der seinen Weg zum „Milchschwammerl" findet, ist ein wahrer Glückspilz!

- Milchschwammerl, Albertstraße 14, Eingang Fürst-Anselm-Allee, 93047 Regensburg
- ÖPNV: Buslinien 1/3/6/8/11, Haltestelle Busbahnhof Albertstraße

PROBIKER

Eine Bühne für Blumen

30

Die BlumenBühne unter der Nibelungenbrücke

Bunte Gummistiefel baumeln im Frühjahr von der Nibelungenbrücke in Regensburg. In jedem der Stiefel, hoch oben über der Bruderwöhrdstraße, stecken farbenfrohe Blumen. Diese ungewöhnliche Dekoration fällt in der auf beiden Seiten von Autos beparkten Straße unweigerlich auf und zieht die zunächst verwunderten, am Ende jedoch stets begeisterten Blicke der Passanten auf sich.

Es sind die Betreiber der BlumenBühne, die ihr Viertel verschönern. Mit viel Geschick und einer Unmenge an Kreativität werden scheinbare Kleinigkeiten in wahre Kunstwerke verwandelt. Ihr ganzes Potenzial entfaltet die Dekoration vor allem durch den Gegensatz zu der Betonbrücke, an der sie angebracht ist. Aus Taschen wachsen wilde Gräser, die Brückenpfeiler sind kunterbunt geschmückt, auf dem Pflaster grünt es in der Sommersonne. Hier wird eine ganz besondere Form der Streetart betrieben, und die Werke werden im Viertel als Kunstform anerkannt. Seit Eröffnung der BlumenBühne wurde kein Graffiti mehr gesprüht und die selbst über Nacht im Freien stehenden Gewächse verweilen auch am nächsten Morgen noch immer an ihrem Platz. Pflanzen in solch wunderbare Werke zu verwandeln ist eine Fertigkeit, die nicht jeder einfach so beherrscht. Die BlumenBühne bietet genau hierfür Kurse an, in denen die Teilnehmer unter einfühlsamer Anleitung je nach Jahreszeit ihr ganz eigenes Meisterwerk schaffen.

Die Urban-Gardening-Bewegung, die die „Guerilla-Bepflanzung" der Städte zum Ziel hat, wird hier auf ein ganz neues Level gehoben. Jede Blume findet ihre Bühne. Denn selbst in einer Stadt wie Regensburg, die mit vielen Grünflächen, Stadtgärten und dem reich bewachsenen Donau-Ufer aufwartet, kann es nicht genug florales Leben geben – insbesondere, wenn es auf solch wundervolle Weise und spürbar mit viel Liebe gestaltet wird. Die Weisheit „Blumen sind das Lächeln der Erde" wird in der BlumenBühne wertgeschätzt. Wer durch die verzierte Tür schreitet, kann sich ein Lächeln abholen und es behalten oder weiterschenken.

- BlumenBühne, Bruderwöhrdstraße 10, 93055 Regensburg
www.dieblumenbuehne.de
- ÖPNV: Buslinien 5/10, Haltestelle Weißenburgstraße

Süßer die Glocken nie klingen

31 Das Glockenspiel der Stiftskirche St. Johann

„Mama, hörst du die Spieluhr?“, fragt der kleine Junge fröhlich, während er sich verwirrt und begeistert zugleich auf dem Regensburger Domplatz umschaut. Er kann die Quelle der ungewohnten und doch so harmonischen Klänge nicht ausmachen … da kann man schon mal das in der Sommersonne schmelzende Schokoladeneis in der Hand vergessen. Es ist natürlich keine Spieluhr, die den kleinen Mann so sehr verzaubert. Es sind die Töne des Glockenspiels der Stiftskirche St. Johann, die in unmittelbarer Nähe des Doms St. Peter steht.

Die Stiftskirche ist der geistliche Mittelpunkt des 1127 gegründeten Kollegiatstifts St. Johann, das Johannes dem Täufer und Johannes dem Evangelisten geweiht ist. Die Stiftskirche überdauerte im Laufe der Jahrhunderte eine wechselvolle Geschichte, während der sich Äußeres wie Inneres des Bauwerks veränderten. Der ursprüngliche ottonische Bau wurde zugunsten einer Westerweiterung des Regensburger Doms abgetragen. So entstand bereits an der Stelle der heutigen Kirche ein gotischer Bau, der in den 1760er-Jahren eine durchgreifende barocke Umgestaltung erfuhr. Nach einem verheerenden Großbrand im Jahr 1887 wurde das Gotteshaus in neobarockem Stil mit den entsprechenden Formen wiederaufgebaut und erneut geweiht.

Im Jahr 1992 wurde in der Laterne des Turms ein Glockenspiel eingebaut, das seither viermal täglich eine von über 80 Melodien ertönen lässt. Wohl kein noch so eingefleischter Regensburger dürfte alle Melodien aufzählen können, und so ist jedes Stück stets eine wohlklingende Überraschung. Wenn das tägliche Glockenspiel den gesamten Domplatz für kurze Zeit in einen Open-Air-Konzertsaal verwandelt, steht die Zeit für einen Moment still. Einfach den Klängen lauschen, die Augen schließen oder den Dom betrachten, während die Sonne warm vom Himmel scheint. Es sind diese kleinen Besonderheiten, die Regensburg zu einem so einmaligen Ort und einem so schönen Zuhause machen.

● Kollegialstift zu dem Heiligen Johannes Baptist und Evangelist, Krauterermarkt 5, 93047 Regensburg
● ÖPNV: Buslinie A, Haltestelle Domplatz

Tierisch beste Freunde

32

Die Kinder- und Jugendfarm Regensburg

Im Norden Regensburgs kann man Haus- und Hoftiere hautnah erleben. Aber nicht etwa unter einem Zirkuszelt oder umgeben von den Mauern eines Zoos, sondern auf der Kinder- und Jugendfarm. Dort leben dicke Hängebauchschweine, zahme Hasen, witzige Meerschweinchen, kuschelig weiche Alpakas, störrische Ziegen und andere liebenswürdige Tiere friedlich und unbeschwert in artgerechter Haltung.

Die Nähe zu Tieren löst ja nachweislich Wohlbefinden aus und erfüllt Körper und Seele mit positiven Energien. Das erklärte Ziel der Einrichtung ist es, die jungen und auch alten Regensburger Stadtbewohner den Umgang mit Tieren und die Achtung jeden Lebewesens zu lehren. Das vertrauensvolle Miteinander von Mensch und Tier, die Verantwortung für das Wohlergehen eines Lebewesens und das Gefühl, durch Zuneigung und Fleiß eine bessere Welt zu schaffen, ist etwas, das den eigenen Geist verändert. Es verändert nicht nur die Sicht auf unsere Umwelt und den täglichen Konsum. Es verändert auch die Grundeinstellung zum Leben an sich. Die Angebote auf der Farm sind vielfältig und legen dabei besonderen Wert auf Tier- und Umweltschutz. Gerade Kinder, aber auch Erwachsene, werden hier einfühlsam in zwangloser Atmosphäre an die aktive Pflege herangeführt. Durch freiwillige praktische Hilfe, aber auch durch Patenschaften und Unterstützung mit Sachmitteln wird eine persönliche Bindung geschaffen. Doch nicht nur für die Menschen gibt es wichtige Lektionen zu lernen. Auch den Tieren wird hier das Vertrauen in die Menschen (zurück)gegeben.

Für Kinder ab sieben Jahren gibt es hier die Möglichkeit, einen Tierführerschein abzulegen, nachdem sie den richtigen Umgang mit den verschiedenen Tieren erlernt haben. Selbst Menschen mit zuvor wenig oder keiner Affinität zu Tieren werden große Freude empfinden, wenn das dicke Hängebauchschwein Emma fröhlich grunzend angerannt kommt, um sich ein wenig Futter oder Streicheleinheiten zu holen.

- Kinder- und Jugendfarm, Taunusstraße 5, 93057 Regensburg, Tel. (09 41) 6 00 15 45, www.jugendfarm-regensburg.de
- ÖPNV: Buslinie 9, Haltestelle Im Reichen Winkel

33 Das MuseumsCafé im Historischen Museum

Vor oder nach dem Rundgang durch Regensburgs Geschichte einkehren? Oder vielleicht gar statt Museumsbesuch einfach nur ein kleines kulinarisches Intermezzo einlegen? Kultur erfahren und in zauberhaftem Ambiente Köstlichkeiten genießen – das funktioniert bestens im Museums- Café im Historischem Museum Regensburg.
Die Mönche des Franziskanerordens selbst waren der Armut verpflichtet. Überall jedoch sorgten mächtige Gönner für den Bau prachtvoller Kirchen zum Zeugnis des Glaubens und zum Lob Gottes. So taten Bischof Konrad, Pfalzgraf Otto VIII. von Bayern und König Heinrich im 13. Jahrhundert in Regensburg das Ihre, um das Minoritenkloster St. Salvator zu bauen. Vom gesamten einstigen Bau blieb nur die gotische Kirche erhalten. Eine der größten Ordenskirchen Süddeutschlands bildet jetzt einen Teil des Historischen Museums in Regensburg. Genau hier befindet sich das MuseumsCafé, das sich mittelalterliche Atmosphäre bewahrt hat und zum Genießen einlädt. Man kann sich kaum einen schöneren Ort für einen Cappuccino, ein Glas Sekt, ein Stück Kuchen, einen Imbiss von der täglich wechselnden Mittagskarte oder ein auf Porzellan-Etageren fotogen angerichtetes Frühstück wünschen. Auf der Rasenfläche des gotischen Kreuzgangs mit dem altertümlichen Hofbrunnen lassen sich bei Vogelgezwitscher und strahlendem Sommerhimmel Delikatessen genießen, während der Blick über Spitzbögen und Säulen zum Schiff der Minoritenkirche schweift. Auch das Innere des MuseumsCafés darf nicht außer Acht gelassen werden. Die Chefin des Cafés beweist ein absolutes Händchen für Dekoration: Ihre üppigen Arrangements im Boho-Vintage-Stil, die Platz auf den Fensterbänken und Tischen des Cafés finden, lassen die Herzen von Fans geschmackvollen Interieurs höherschlagen.
Das MuseumsCafé ist der perfekte Ort für alle, die ein lauschiges Plätzchen zum Genießen und Verweilen abseits des Altstadttrubels suchen. Kultur und Genuss lassen sich nämlich ganz wunderbar kombinieren.

TIPP

In den Wintermonaten bietet das MuseumsCafé jeden Freitag ein romantisches Candle-Light-Dinner in an.

- MuseumsCafé im Historischen Museum, Dachauplatz 4, 93047 Regensburg, Tel. (09 41) 5 67 62 76
- ÖPNV: Buslinien 1/3/4/8/11, Haltestelle Dachauplatz

Frisch abgefüllt

34 Das Füllgut – Die Mehrwegerei

Noch vor einem halben Jahr stand die Zukunft des umweltfreundlichen Geschäfts, das seit November 2016 als erstes seiner Art in Regensburg Kunden plastikfrei mit Lebensmitteln und mehr versorgt, in den Sternen. Glücklicherweise hat sich eine naturbewusste neue Betreiberin gefunden, die dem Füllgut nicht nur neues Leben, sondern auch ein ganz eigenes Konzept verpasst hat. Das selbsterklärte Ziel ist es, den Kunden nicht nur einen plastik- und verpackungsfreien Lebensmitteleinkauf zu ermöglichen. Zugleich wurde auch ein Ort der Information und der Kommunikation geschaffen. Jeder kann im Gespräch mit Gleichgesinnten seine eigenen Erfahrungen einbringen, sich über neue Ideen austauschen oder einfach über ein nachhaltiges Leben mit minimaler Verschwendung philosophieren.

TIPP

Im Füllgut gibt es den unglaublich leckeren Räuchertofu aus Abensberg immer frisch zu kaufen.

Das Füllgut versucht das Müllproblem an der Quelle zu lösen und setzt hierbei auf das Prinzip des Precyclings. Dahinter steht die Idee, durch bewusstes Einkaufen Restmüll an sich von vornherein zu vermeiden, gekauft werden soll nur gerade so viel, wie auch wirklich benötigt wird. So werden kaum Lebensmittel verschwendet. Auch das aktuell noch notwendige Recycling soll vollkommen überflüssig gemacht werden. Es gibt keine Plastikverpackungen, sondern wer hier einkauft, bringt seine eigenen Dosen und Gläser mit oder bekommt ein passendes Gefäß aus der Sammelkiste umsonst zur Verfügung gestellt. Es gibt keine Einwegwaren, dafür aber Produkte aus nachwachsenden Rohstoffen und jede Menge nachhaltige Goodies. Nebenbei unterstützt das Füllgut Betriebe in der Region, von denen es viele der Produkte bezieht.

Hier wird mit Hingabe vorgelebt, wie einfach es sein kann, umweltbewusst zu leben. Es gibt bei wirklich jedem Besuch Neues zu entdecken, denn durch die Vernetzung mit anderen Institutionen und Naturinteressierten warten hier fast täglich frische Ideen. Bewusst nachhaltig und achtsam im Einklang mit der Natur zu leben macht glücklich!

- Füllgut – Die Mehrwegerei, Obere Bachgasse 21, 93047 Regensburg, Tel. (09 41) 78 84 90 80, www.facebook.com/fuellgut
- ÖPVN: Buslinie A, Haltestelle Neupfarrplatz

PEACEHAND

Spuren der Erdgeschichte

35

Wandern in der Tegernheimer Schlucht

Wander- und Spazierwege durch die Natur mit all ihren kleinen Wundern sorgen ja grundsätzlich für Entspannung und Erholung – und diejenigen in und um Regensburg im Besonderen. Nordöstlich von Regensburg liegt der kleine Vorort Tegernheim an den Ausläufern des Falkensteiner Vorwaldes. Hier beginnt mit der Tegernheimer Schlucht das grüne Reich der Oberpfalz, sozusagen zu Füßen des Bayerischen Waldes. Die Tegernheimer Schlucht ist die idyllische Bruchstelle zwischen dem Oberpfälzer Jura und dem Grundgebirge des Bayerischen Waldes. Hier fällt die bewaldete Hochebene des Fellinger Berges steil und felsig zum Donau-Tal hin ab. Das Bemerkenswerte dieser Gegend sind die drei geologischen Großeinheiten aus unterschiedlichen Zeiten (kristallines Grundgebirge aus der Erdfrühzeit, Schichtstufenland aus dem Erdmittelalter und das Molassebecken aus der Erdneuzeit), die sichtbar aufeinandertreffen. Das Tal ist als Naturschutzgebiet ausgewiesen und wird von einem Wander- und Lehrpfad durchzogen. Neben der geologischen Bedeutsamkeit ist es insbesondere die reichhaltige Pflanzenwelt, die zu begeistern weiß. Über die Jahrhunderte hinweg haben alleine 400 Farn- und Blütenpflanzen, von denen 33 Arten bereits auf der Roten Liste stehen, eines der reichhaltigsten Naturbiotope der Oberpfalz gebildet, dessen Bedeutung auch überregional anerkannt ist.

TIPP

Jeden Monat findet dort eine geführte Sonntagswanderung statt.

Durch den Buchen- und Eichenmischwald zu wandern ist für jedermann ein kurzweiliges Erlebnis. Sieben Stationen liegen auf dem Rundweg durch die Schlucht. Jede von ihnen ist einem bestimmten geologischen Thema der Zeitgeschichte gewidmet und passt zu der sich gerade vor einem ausbreitenden Landschaft. Für die jungen Forscher und Forscherinnen gibt es zudem drei kindgerechte Stationen, davon einen Rastplatz mit Klettermöglichkeiten. Je weiter man voranschreitet, umso mehr verliebt man sich in die Landschaft. Sobald man den Wald hinter sich lässt und ins freie Gelände zurückkehrt, Körper und Seele mit neuer Kraft erfüllt, sehnt man sich schon zurück.

- Geopfad Tegernheimer Schlucht, Am Keilsteiner Hang 2, 93105 Tegernheim, www.tegernheim.de/freizeit-und-tourismus/geopfad/
- ÖPNV: Buslinie 5, Haltestelle Tegernheim Gh. Federl

Glühweinduft liegt in der Luft!

36

Der Weihnachtsmarkt im Spital

Seit Jahrzehnten versprühen zum Jahresende Weihnachts- oder Christkindlmärkte, wie sie in Bayern genannt werden, einen Hauch von Magie und lassen es rund ums Herz warm werden. In Regensburg werden zur Adventszeit an vielen verschiedenen Plätzen geschmückte Buden aufgebaut. Ein kleiner, aber doch sehr feiner Weihnachtsmarkt findet traditionell im St. Katharinenspital statt. In den vier Wochen vor Weihnachten öffnet der im Sommer als herrlich gelegener Biergarten bekannte Spitalgarten seine Tore für einen Markt der besonderen Art. Die einmalige Lage in Stadtamhof am Fuß der Steinernen Brücke mit Blick zum Dom bietet den Rahmen für Regensburgs wohl gemütlichsten und familiärsten Weihnachtsmarkt.

Der Duft von Gebackenem und Gebratenem verbindet sich mit dem Aroma von heißem Glühwein und zieht durch die Gassen der weihnachtlichen Budenstadt des Weihnachtsmarkts. Besondere Gaumenfreuden bringen das Spital-Glühbier, heimische Wild- und Lammgerichte, Tornadokartoffeln, Lebkuchen und verschiedene Wurstspezialitäten in der Semmel. Den Besucher erwartet außerdem christliches Brauchtum in ganz besonderer Form, denn in einer Krippe warten echte Tieren wie Ziege, Schaf und Esel. Im reichen Angebot traditioneller Handarbeit an den Kunsthandwerkerständen wird ganz sicher das eine oder andere Weihnachtsgeschenk gefunden. Mit einem bunten Programm sorgen verschiedene Musiker auf dem Markt für stimmungsvolle Unterhaltung. Die Besucher treffen auf Märchenerzähler, Künstler und Akteure wie Feuerengel und Eisprinzessin. Eingebunden in das Marktkonzept mit seinen Ständen sind auch die Spitalbrauerei, das Altenheim und die St. Katharinenkirche – hier werden besinnliche Adventskonzerte geboten oder die Weihnachtsgeschichte wird vorgelesen.

Bei Musik und gutem Essen im romantischen Spitalgarten mit Blick auf den majestätisch über der Silhouette der Regensburger Altstadt thronendem Dom kann sich niemand der besinnlichen vorweihnachtlichen Stimmung entziehen.

- Spitalgarten, St.-Katharinen-Platz 1, 93059 Regensburg, Tel. (09 41) 8 47 74
www.spitalgarten.de
- ÖPNV: Buslinie 17, Haltestelle Stadtamhof

SPITALGARTEN
Brauerei-Gaststätte

Historische Dachterasse

37 Auf dem Prebrunnturm

Regensburg ist eine Stadt der Türme. Diese vielen verschieden großen und kleineren Türme prägen eindeutig das ganze Regensburger Stadtbild, und einige davon können auch heute noch, zumindest in den Sommermonaten, bestiegen werden. Einer der kleineren, aber dafür umso schöneren Vertreter seiner Art, ist der auf der Ostseite des Herzogsparks versteckte Prebrunnturm. Hier verbindet sich die historische Vergangenheit Regensburgs einzigartig mit der angrenzenden Natur. Seit jeher war der Westen Regensburgs eine beliebte Wohn- und Ausflugsgegend und daran hat sich bis in die heutigen Tage nichts geändert. Mit dem Bau der mittelalterlichen Stadtanlagen wurde laut schnörkeliger Inschrift über dem Tor des Turms im Jahre 1293 begonnen, Teile der Mauer haben die Zeiten überdauert. Der historische Regensburger Vorort Prebrunn ist nicht mehr als solcher vorhanden, sondern wurde im Laufe der Geschichte in die Stadt eingegliedert. Auch an die damalige Prebrunner Wasserburg erinnert heutzutage überhaupt nichts mehr.
Dort im Westen aber, auf einem Hügel über dem Donau-Ufer, steht der alte Prebrunnturm, ein Relikt der ehemaligen Stadtmauer. Durch das von einem Steinlöwen bewachte Tor erreicht man das Turminnere. Von hier aus führen hölzerne Stufen vier Stockwerke weit nach oben, bis hinauf auf das von Zinnen gesäumte Dach des Prebrunnturms. Dieser Platz eröffnet einen wunderschönen Ausblick auf die Domspitzen, über die Altstadt im Osten und die in unmittelbarer Nähe ruhig dahinfließende Donau auf der Nordseite. Im Westen des Turms lädt der malerisch angelegte Herzogspark zu langen Spaziergängen ein. Wenn man hier verweilt, lässt sich gut nachvollziehen, dass dieser Standort für einen Wachturm in der Regensburger Stadtmauer gewählt wurde. Beinahe kann man das laute Hufeklappern der Pferde der vorbeiziehenden Mauerwachen erahnen, während man die stadtnahe Abgeschiedenheit genießt und tief durchatmet.

- Prebrunnturm im Herzogspark, Württembergstraße 8, 93049 Regensburg
- ÖPNV: Buslinien 6/11, Haltestelle Ostdeutsche Galerie

Eine Oase inmitten der Stadt

38

Im Innenhof des Café Weichmanns

An Cafés mangelt es in Regensburg wahrlich nicht. In nahezu jeder kleinen Gassen und an jedem schönen Platz kann man sich kulinarisch verwöhnen lassen. Von modernen Cafés, die an das hippe Kreuzberg erinnern, bis hin zu traditionellen Lokalitäten, deren Einrichtungen die Generationen überdauerten, findet man in Regensburg alles. So mancher Schatz verbirgt sich dabei hinter den Türen und Fenstern. Nur wer einen Blick hinein riskiert, dem wird er sich offenbaren. Dass sich das so manches Mal lohnt, beweisen Orte wie das Café Weichmanns.

Das Weichmanns springt den Fußgängern in der belebten Gesandtenstraße sofort durch die kleinen vor dem Eingang aufgestellten Sitzbänke ins Auge. Hier lassen sich Studenten, Anzugträger und Touristen gleichermaßen nieder, um den frischen Kaffee und die süßen Leckereien zu genießen. Betritt man das Innere des Cafés und schreitet vorbei an der mit Kuchen der Konditorei Opera, die zu den besten Regensburgs gezählt werden, gesäumten Theke, gelangt man in eine andere Welt, fernab vom Trubel. Hier, im liebevoll angelegten Innenhof wurde eine grüne Oase der Ruhe geschaffen. Auf Holzbänken und Stühlen lassen sich die Gäste um einen kleinen Teich im Schatten der umliegenden Mauern nieder. Nebenan ragt der Turm der Dreieinigkeitskirche empor und spannt den geschichtlichen Bogen zum alten Regensburg. Die Mischung aus Vergangenheit und Moderne setzt sich auch im Inneren des Cafés fort, wo mit viel Bedacht ein stilvolles Design konzipiert wurde.

Dieser Grundgedanke kommt bei den Regensburgern generationenübergreifend gut an und macht den Innenhof des Weichmanns zu einem absoluten Hotspot. Tagsüber gibt es Frühstück, Kaffee und Kuchen im kühlen Innenhof, während abends klassische und trendige Cocktails serviert werden. Das Besondere an diesem Ort: Hier fühlt sich jeder wohl! Die frühere Kunstwerkstatt hat ihren einzigartigen Charme durch die Wandlung zum Café keineswegs verloren, sondern nutzt ihn geschickt, um Jung und Alt gleichermaßen anzuziehen.

TIPP

Beim gegenüberliegenden Optiker kann ein kleines Bruckmandl aus Messing erworben werden.

- Weichmanns, Gesandtenstraße 11, 93047 Regensburg, Tel. (09 41) 58 62 83 55
- ÖPNV: Bus A, Haltestelle Gutenbergplatz

Regensburgs Klagemauer

39 Die Kapelle Maria Läng

Nirgendwo sonst in Regensburg liegen Leid und Freud, Verzweiflung und Hoffnung und allen voran Sehnsucht und Dankbarkeit so nah beieinander, wie in der kleinen Kapelle Maria Läng. Im Inneren, hinter der unscheinbaren Fassade des Gebäudes, verbirgt sich Regensburgs eigene Klagemauer. Wie bei ihrer berühmten Schwester in Jerusalem stecken hier unzählige kleinere und größere Zettel in den Ritzen der Wand oder wurden dort befestigt. Hierauf verewigen die Gläubigen ihre Bitten, Wünsche und Gebete, die sie an die gegenüberliegende Madonna richten möchten. Fast meint man die Trauer und Verzweiflung der Verfasser spüren zu können. Richtet man den Blick jedoch auf die vielen Dankesbriefe und Lobestafeln, ist klar, dass dies vielmehr ein Ort des Glücks und des Vertrauens ist.

Die etwa 30 Quadratmeter große Kapelle wurde 1675 vom Regensburger Domherrn und späteren Weihbischof Albert Ernst von Wartenberg errichtet und 1678 zu Ehren Christus zu Emmaus geweiht. Stets im Schatten des Doms muss sich dieses architektonische Kleinod aber keineswegs verstecken. Im Inneren ist die Kapelle ein Saalbau mit Kreuzgratgewölbe und enthält, als spirituelle Besonderheit, eine Madonna in der angenommenen Körpergröße Mariens. Die umliegenden Wände in der kleinen Hauskapelle sind geschmückt mit Votivtafeln, alten, auch historischen Kerzen und wertvollen Holzfiguren, die zumeist von dankbaren Gläubigen gestiftet wurden.

An manchen Tagen und vor allem an bestimmten Feiertagen herrscht tatsächlich überaus reger Betrieb in dieser kleinen Kapelle. Dann drängen sich meist Frauen jeden Alters in die Kapelle, um die Gunst der Heiligen Maria zu erfahren. Das Ritual des Zettel-in-die-Wand-Steckens ist der Ausdruck tiefer Frömmigkeit, des Vertrauens und der Zuversicht, die die Bittenden antreiben. Die Grenze zum Aberglauben mag für aufgeklärte Geister fließend sein, aber die Hoffnung ist hier förmlich spürbar und das derart mächtig, dass man unwillkürlich optimistisch an seine eigenen Herzenswünsche denkt.

- Maria Läng, Pfauengasse 2, 93047 Regensburg
- ÖPNV: Buslinie A, Haltestelle Domplatz

Mystik entlang der Donau

40 Die Allee im Inselpark

Ein sehr versteckter und vielen noch unbekannter Glücksort ist die Allee im Inselpark, die hinter dem Wöhrdbad entlang der Donau bis zum Pfaffensteiner Steg führt. Wer hier den gekrümmten Weg entlangspaziert, welcher sich uneben vorbei an und unter tiefgrünen Bäumen schlängelt, der wird unweigerlich in eine Welt versetzt, die hier wohl die wenigsten Menschen erwarten würden.

Von der Stadt kommend beginnt der Weg am östlichen Ende des Inselparks. Dieser wird von den Regensburgern vor allem für seine grüne Wiesenfläche, das Donau-Ufer am südlichen Rand der Insel und von Kindern für den Abenteuerspielplatz geschätzt. Das sich anschließende Wöhrdbad ist eines der beiden Freibäder Regensburgs und wird von vielen aufgrund seines Retrocharmes gegenüber dem großen und moderneren Westbad favorisiert. Ganze sechs Hektar ist der Inselpark groß und erstreckt sich vom Wehr, wo sich die beiden Arme der Donau trennen, bis zur Pfaffensteiner Brücke. Im Hafen laufen die Donau-Arme wieder zusammen. Der Park ist daher an drei Seiten von Wasser umgeben. Diese Abgeschiedenheit der Anlage ist einer der Gründe, warum es hier so herrlich ruhig ist. Zufällig gelangt man beim Spazierengehen eher nicht in den Inselpark, sondern muss sich bewusst auf den Weg machen, um hier Energie zu tanken.

TIPP

Die Verlängerung der Allee führt unter Bäumen weiter entlang der Donau bis auf die Steinerne Brücke.

Am nördlichen Ufer der Insel, auf Höhe des Wöhrdbades, liegt die Allee. Die Schatten, die die Baumriesen hier werfen, sind ein willkommener Zufluchtsort während der großen Mittagshitze im Sommer. Das Licht- und Schattenspiel der Bäume haben auch Fotografen für sich entdeckt und tummeln sich gerne in der Allee. Im Dämmer der frühen Abend- und Morgenstunden aber, wenn die Schatten länger sind, hat man diesen Ort oft beinahe für sich allein. Vom Weg aus führen an vielen Stellen kleine Pfade hinunter zum Wasser, wo es sich wunderbar für eine Weile träumen lässt, bevor man am Ende der Allee zurück in die Realität gelangt.

- Inselpark, 93059 Regensburg
- ÖPNV: Bus 17, Haltestelle Dultplatz

Kaffeekult in Regensburg

41

Das Café 190°

Beim Einbiegen in den Brixener Hof wird man an manchen Tagen bereits vom Duft der frisch gerösteten Kaffeebohnen begrüßt. Dann heißt es: Immer der Nase nach! Im Café 190° im Stammhaus der Kaffeerösterei Rehorik wird der Traum eines jeden Kaffeeliebhabers wahr. Heiko Rehorik, der Inhaber, hat den Namen seines Cafés ganz bewusst ausgewählt. 190 Grad sind für den Röstmeister und leidenschaftlichen Barista eine bedeutende, fast magische Zahl. Bei dieser Temperatur beginnen die Kaffeebohnen zu knacken. Sie werden brauner und immer größer. Sobald das Aufplatzen beginnt, entfaltet sich der köstliche Duft aus bis zu 1000 Aromastoffen.

Bereits in vierter Generation wird die Rösterei mittlerweile betrieben. Das Besondere am 190° ist, dass jeder Gast am Ende des Raumes die Möglichkeit bekommt, direkt in den Ort des Geschehens zu blicken. Durch die große Glasscheibe, vor der man übrigens auch wunderbar sitzen kann, wird das Herzstück der Rösterei präsentiert: der Kugelröster aus den 1920ern. In ihm werden mittlerweile 50 verschiedene Kaffeesorten veredelt. Für die besten Produkte reist der Röstmeister persönlich in die Herkunftsländer des Kaffees, um sich vor Ort von Qualität und Anbau der edlen Kaffees zu überzeugen. Er bringt erlesene Rohkaffees aus Zentral- und Südamerika, aus Asien und Afrika mit in seine Rösterei, wo sie in Jutesäcken gelagert darauf warten, bald die Gäste zu beglücken. Im Übrigen muss es nicht nur beim schmackhaften Kaffee bleiben. Neben ausgeklügelten Mittagsgerichten von der Wochenkarte und Schmankerln von der Brotzeitkarte gibt es auch handgemachte Kuchen und ein leckeres Pralinenangebot.

Neugierig auf den wohl besten Kaffee Regensburgs? Die ganze Welt der kleinen Bohne wartet im Café 190°! Und das i-Tüpfelchen? Im kleinen Laden, der sich anschließt, können sämtliche Röstungen in gemahlener Form oder ganzer Bohne für die Kaffeemaschine zu Hause erstanden werden. Spätestens jetzt muss jeder Besucher wunschlos glücklich sein.

TIPP

Im Café 190° werden monatlich ein- bis zweimal Barista-Kurse und Kaffeeseminare angeboten.

- Café 190°, Am Brixener Hof 6, 93047 Regensburg, Tel. (09 41) 59 57 92 27 www.rehorik.de
- ÖPNV: Buslinie A, Haltestelle Königsstraße

190°

Bayerns König sei Dank!

42

Die Walhalla

Schon von Weitem kann der imposante Bau der Walhalla bewundert werden und ist an schönen Tagen über Kilometer hinweg zu sehen. Hier, unmittelbar vor den Toren Regensburgs, hat der bayerische König Ludwig I. seinen Traum von einem Tempel im Stil des griechischen Parthenons eindrucksvoll verwirklicht. Schreitet man die Allee der Säulen an der langen Seite des Bauwerks entlang, fühlt man sich trotz des nordischen Namens tatsächlich an die griechische Kultur erinnert. An der nach Süden gerichteten Kopfseite angekommen, eröffnet sich einem dann der Blick auf das Donau-Tal mit all seiner Schönheit. Bayern präsentiert sich hier von seiner absoluten Schokoladenseite. Spätestens bei diesem Panorama wird sich niemand mehr wünschen, in Griechenland zu sein. Der Bau dauerte mehr als eine Dekade und forderte dem Bauherrn Leo von Klenze sein ganzes Können ab. Seit der Eröffnung im Herbst des Jahres 1842 hat die Walhalla so manchen prominenten Gast empfangen. Einige davon sind für die Ewigkeit eingezogen und stehen in Form von Steinbüsten im mit kostbarem Marmor verkleideten Innenraum der Ruhmeshalle aufgereiht. Mittlerweile umfasst die Sammlung der „Walhallagenossen" mehr als 120 Büsten von Feldherren, Wissenschaftlern, Künstlern und anderen als ehrenvoll erachteten Berühmtheiten.

Heute zieht es neben Reisenden aus aller Welt vor allem auch Einheimische hierher, die sich auf den zum Bauwerk emporführenden Stufen, zwischen den weißen Steinsäulen oder auf der ringsum angelegten Wiese niederlassen. Hier oben kommt man allein, zu zweit oder mit Freunden zusammen, um Ruhe zu finden, ein Picknick zu veranstalten oder einen der besten Sonnenuntergänge zu bewundern, die die Region zu bieten hat. Wer die Aussicht ganz für sich haben möchte, der muss sich frühmorgens auf den Weg machen. Bei einer Frühstücksbreze beobachtet man hier das morgendliche Erwachen der Natur, an manch schönem Herbsttag steigt dazu Frühnebel von der Donau auf und zieht über das bunte Blätterdach hinweg.

TIPP

Jeder kann eine zu ehrende Persönlichkeit vorschlagen, trägt aber gegebenenfalls auch die Kosten.

- Walhalla, Walhallastraße 48, 93093 Donaustauf, Tel. (0 94 03) 96 16 80
  www.walhalla-regensburg.de
- ÖPNV: Buslinie 5, Haltestelle Donaustauf Walhallastraße

Mantras chanten

43 Yin Yoga im Tara

Yoga ist entgegen der immer noch weitverbreiteten Meinung nicht lediglich eine sich wiederholende Dehnungsübung für alternative Studierende. Yoga ist viel mehr. Es ist eine den Körper und Geist fordernde Sportart für jedermann und jede Frau. Vom Muskelaufbau über die gezielte Behandlung einzelner Bereiche bis hin zur meditativen Entspannung bietet Yoga eine weitgefächerte Auswahl an Möglichkeiten. Wer einmal den Weg in das richtige Yogastudio gefunden hat und spürt, wie sich die positiven Empfindungen auf Körper und Seele auswirken, für den wird Yoga womöglich zu einem festen Bestandteil des Lebens. In Regensburg gibt es mit dem Tara Yoga ein ganz spezielles Yogastudio, das unter anderem Yin-Yoga-Stunden anbietet, die in dieser Form kein zweites Mal zu finden sind. Helga, die in Kalifornien ausgebildete Yin-Yoga-Lehrerin, leitet mit ihren sanften Worten und den dazu vereinzelt anklingenden Tönen sämtliche Anwesende an, sich körperlich und auch geistig gegenüber ihrem Umfeld und vor allem sich selbst zu öffnen. Das Tara Yoga bietet neben dem Yogaraum auch noch einen kleinen Ladenbereich. Hier findet man neben einer Auswahl an Yogamatten, Hilfsmitteln für die Yogapraxis und passenden Büchern auch ein größeres Angebot an Literatur zum Thema Veganismus.

TIPP

Yin-Yoga mit Livemusik von Boris, der mit Instrumenten und Gesang die Bewegungen begleitet.

Im hinteren Teil des Cafés wandelt sich die Räumlichkeit zum Yogastudio. Ein Highlight der Yin-Yoga-Stunde ist das gemeinsame Chanten der in Sanskrit gesungenen Mantras. Das Wort „Mantra“ stammt von den Sanskritwortstämmen „Man“ – das bedeutet Geist – und „Tra“ – das Werkzeug; demnach ist ein Mantra ein Werkzeug für den Geist. Ein Instrument also, mit dessen Hilfe man lernen kann, die Gedanken zu kontrollieren. Mit geschlossenen Augen in der Gruppe zu chanten, entschleunigt jedoch nicht nur die Gedanken, sondern fokussiert sie auf die positive Praxis für sich und seine Umwelt. Die Entschleunigung und die Achtsamkeit, die jeder einzelne für sich und in der Gruppe erfährt, halten noch lange nach der Stunde an.

● taracafé & tarayoga, Am Brixner Hof 5, 93047 Regensburg, Tel. (09 41) 64 63 55 40
www.tarayoga-regensburg.de
● ÖPNV: Buslinien 1/3/4/8/11, Haltestelle Dachauplatz

Mit Blick über die Dächer

44 Auf dem Nordturm der Dreieinigkeitskirche

Von den gut erhaltenen Geschlechtertürmen aus längst vergangener Zeit über die verschiedenen Kirchtürme bis zum Dom strecken sich in Regensburg viele Spitzen gen Himmel. Die herausstechenden Bauten prägen die Regensburger Skyline auf eine ganz besondere Weise und machen sie so einzigartig.

Einen der schönsten Ausblicke nicht nur auf die vielen Türme, sondern fast über die gesamte Dächerlandschaft der Altstadt hat man vom Turm der Regensburger Dreieinigkeitskirche. Das kleine Museum der Kirchengeschichte wird aus dem Nordturm der Kirche und mehreren Ausstellungsstücken auf der westlichen Empore gebildet. In den Sommermonaten kann man bis 18 Uhr auf den achtstöckigen Nordturm steigen und von dort aus auf die Regensburger Altstadt, den Dom und weit hinein ins Oberpfälzer Hinterland blicken. Der Weg nach oben ist an sich bereits ein absolutes Highlight. Die Zwischenebenen werden von knarzenden Holztreppen verbunden, an deren niedrigen Holzbalken sich schon mancher Regensburger den Kopf gestoßen hat. Am Ziel angekommen, sollte man sich unbedingt die Zeit nehmen, den einmaligen Blick auf die weit unten liegende Stadt zu genießen. Touristenmassen bleiben den Besuchern hier oben glücklicherweise erspart, was zum einen dem nicht ganz einfachen Aufstieg geschuldet ist. Der Rundgang, der das oberste Stockwerk umgibt, ist zum anderen sehr eng, weshalb dort oben eine große Besucheranzahl auch gar keinen Platz finden würde.

Vom Turm aus lässt sich nicht nur manch spektakuläres Foto der ihn umgebenden Stadtkulisse schießen, sondern er präsentiert sich zugleich als ein perfekter Zufluchtsort für diejenigen, die sich eine Auszeit vom Trubel der belebten Stadt gönnen möchten, um neue Kraft zu tanken. Besondere Lebensfreude erlebt man an diesem Ort auch durch die frisch getrauten Ehepaare, die sich hier oben am glücklichsten Tag ihres Lebens ablichten lassen und den Ausblick für die Ewigkeit festhalten.

- Dreieinigkeitskirche Regensburg, Am Ölberg 1, 93047 Regensburg
www.dreieinigkeitskirche.de
- ÖPNV: Buslinien 2/6/A, Haltestelle Bismarckplatz

Unter Lausbuben

45

Das Café Malefiz

Du Malefiz! Dieser im Urbayerischen benutzte Begriff für Übeltäter oder mindestens Draufgänger hat sich im Laufe der Jahre zu einer liebevoll gemeinten Bezeichnung für Lausbuben gewandelt und wird meist von einem deutlichen Augenzwinkern begleitet. Zu fluchen gäbe es im Café Malefiz aber ohnehin nicht wirklich einen Grund. Die bayerische Leichtigkeit, die das Team und das Café versprühen, lassen den Gästen gar keine andere Möglichkeit als sich hier einfach rundum wohlzufühlen. Gespeist wird unter den Blicken bekannter Schlitzohren und den Helden vergangener Kindertage auf Bilderrahmen. Die Speisen auf der Karte haben Stil, nämlich ihren eigenen. Hipster-Klassiker wie das Avocadobrot oder der gute bayerische Brezensalat werden kreativ neu interpretiert. Die Bowls werden kurzerhand zum „Himbeer-Toni“ oder „Gifthaferl“ bavarifiziert, und trendige Eigenkreationen wie der wunderbare Glüh-Gin halten auch im tiefsten Winter warm.

Entstanden ist die Idee des Malefiz in den Köpfen der beiden Betreiber, die schon als Kinder von ihren Opas so bezeichnet wurden. Doch nicht nur Regensburger Lausbuben fühlen sich im Café wie zu Hause. Die regelmäßigen Besucher sind durchaus bunt gemischt. Lässt man den Blick im Inneren schweifen, erblickt man tätowierte Arme neben einem mit Krawatte bestückten Hemdkragen, bunte Haarsträhnen und gepiercte Augenbrauen neben der grau-toupierten Haartracht einer Grande Dame.

Das Malefiz ist im Vergleich zu anderen Cafés ein noch relativ junges Lokal, hat sich durch die kreative Gestaltung der Einrichtung und seine Speisen aber bereits einen festen Platz im kulinarischen Who is Who Regensburgs und vor allem in den Herzen der Regensburger gesichert. Hier mischen sich bayerische Kultur mit jugendlichem Charme und der Kunst, mit einfachen Mitteln kulinarische Highlights zu kreieren. Das Ergebnis ist eine erfrischende Mischung mit Flair, wie sie auch in einem internationalen hippen Hotspot bestehen könnte.

- Malefiz, Pfarrergasse 6, 93047 Regensburg, Tel. (09 41) 70 90 59 37
www.malefiz-regensburg.de
- ÖPNV: Buslinie A, Haltestelle Neupfarrplatz

frag NACH!
follow us:
cafemalefiz
AVOCADO
BROT
(ist ein gutes Brot)
Craft Beer
& Cider
FIZ Brote
BAVARESE
DER EWIGE STENZ
HEIMATLIEBE
WOODSTOCK
Bier
VON
Karmeliten
BRAUEREI
LECKER
WEIN
vino
WHISKEY
Schön, dass ihr
da seid! Wir haben
euch vermisst!

Im Reich der Kalkfelsen

46 Der Max-Schultze-Steig

Von jeher war die Donau die Lebensader der Region und ist es auch noch heute. So scheint es kaum verwunderlich, dass die Schätze des Regensburger Naturreichs entlang dieses Flusses angesiedelt sind. Das natürliche Pendant zur von Menschen gestalteten Schönheit Regensburgs sind die grünen Oasen, die der Wanderer dort auf schmalen Wegen in einer nahezu unberührt wirkenden Landschaft erkundet.

Vieles hat sich in den letzten Jahrhunderten in und um Regensburg entwickelt und gewandelt. Wie in der Stadt wurde auch in der umliegenden Natur versucht, Einzigartiges vor der Zerstörung zu schützen. Das Naturschutzgebiet Max-Schultze-Steig ist ein solcher Ort, ein Juwel, das dank des Namensgebers seine Ursprünglichkeit bis heute behalten durfte. Der Steig ist ein etwa zwei Kilometer langes Hanggelände mit Wegen am Ufer der Donau südwestlich von Regensburg. Der Architekt und bekannte Naturschützer Max Schultze erwarb im Jahre 1906 einen großen Teil des von Kalkstein geprägten Gebietes, um dieses vor der Zerstörung durch Steinbrucharbeiten zu retten. Er hatte die phänomenale Natur und deren besondere Schutzbedürftigkeit frühzeitig erkannt. Um 1912 schenkte er das Gebiet deshalb der Stadt Regensburg mit der Auflage, es immer in seinem natürlichen Zustand zu belassen. Unter dieser Prämisse wurde es neun Jahre später unter Naturschutz gestellt und konnte bis heute bewahrt werden.

Über 20 markante Felstürme aus Kalkstein der Jura- beziehungsweise Kreidezeit von über 20 Metern Höhe prägen das Erscheinungsbild des Max-Schultze-Steigs. Eine Vielzahl von geologischen und botanischen Besonderheiten wie der Grünsandstein oder das Grüne Koboldmoos sind sonst an kaum einem anderen Ort in Bayern zu finden. Ein Spaziergang auf dem malerischen Weg ist zu jeder Jahreszeit ein echtes Naturerlebnis für den, der sich wachen Auges hierher begibt, wo der raue Kalkstein auf das Wasser der stetig dahinfließenden Donau trifft.

- Max-Schultze-Steig, 93080 Sinzing
  www.regensburg.de/bei-uns-507/sehenswert/max-schultze-steig
- ÖPNV: Buslinien 26/27, Haltestelle Abzw. Riegling/Kleinprüfening

DAVID HENRI HOPPE

Frankreich in Regensburg

47

Das Restaurant Orphée

Regensburg, oft als das nördlichste Stück Italiens bezeichnet, beherbergt in seinen historischen Gebäuden in den vielen kleinen Altstadtgassen selbstverständlich nicht nur italienische Gaststätten. Das Restaurant Orphée ist das „originalste französische Bistro östlich des Rheins", wie das Lokal von den Eigentümern selbst beschrieben wird. Seit dem Jahr 1896 sitzt der Besucher im Bistrobereich auf hellroten Samtsesseln an Marmortischen, im hinteren holzgetäfelten Restaurantbereich an stilvoll eingedeckten Tischen. Man fühlt sich hier, zwischen alten Emaille-Werbeschildern, Kinoplakaten und Heiligenbildern, als würde man gerade in Frankreich verweilen. Oder zumindest so, wie man sich das Speisen in einem Restaurant in diesem Land eben vorstellen mag.

Betrieben wird das Orphée bereits seit 1977 von vier Jugendfreunden, die den Gästen die französisch-mediterrane Küche näherbringen möchten. Es gibt leckeres Frühstück in diversen Variationen – das Frühstück für zwei Personen wird stilecht auf Etageren gereicht, ein kleines, aber erlesenes Mittagsangebot, Crêpes sowie vorzüglichen Kaffee und ausgewählte Kuchensorten am Nachmittag. Die wöchentlich geänderte Abendkarte – französische Klassiker wie Coq au vin, Bouillabaisse, Entrecôte oder Tartare de boeuf sind allerdings feste Bestandteile – lässt keinen Wunsch offen. Dass alles hausgemacht wird, versteht sich dabei natürlich von selbst. Platz nehmen kann man übrigens nicht nur im Innenraum, denn das Orphée bietet auch einen Hinterhof und Bistrotische, die vor der großen Glasfront des Eingangs stehen.

Dank guter Küche und gemütlicher Atmosphäre fühlt man sich wie daheim. Genau dieses Gefühl bei den Gästen zu erreichen, das ist es, was die Betreiber sich auf ihre Fahne geschrieben haben. Diese Mischung aus Genuss und Heimeligkeit macht den unverwechselbaren Charme des Orphée in der Unteren Bachgasse aus. Kein Wunder also, dass sich der Gast hier fühlt wie Gott in Frankreich!

TIPP

Neben der Damentoilette kann ein historischer Steinbrunnen bestaunt werden.

- Restaurant Orphée, Untere Bachgasse 8, 93047 Regensburg, Tel. (09 41) 5 29 77
www.hotel-orphee.de/restaurant
- ÖPNV: Bus A, Haltestelle Altes Rathaus

PLAZA DE TOROS
RONDA
GRAN CORRIDA GOYESCA
RAFAEL DE PAULA
DON ATANASIO FERNANDEZ
APARICIO
ORDOÑEZ
PAULA
Coca-Cola
IMMAGINI E MATERIALI
DEL LABORATORIO FORTUNY

Ein Bauwerk für die Ewigkeit

48

Das Ostentor

Es ist schon ein unbeschreibliches Gefühl, in einer alten Stadt wie Regensburg auf den nicht wenig vorhandenen Spuren des Mittelalters zu wandern. Glücklicherweise sind viele der alten Bauwerke zumindest teilweise noch relativ gut erhalten und werden auch weiterhin sorgfältig gepflegt. Die ursprüngliche Stadtmauer Regensburgs, welche zu damaligen Zeiten zehn Meter hoch und zwei bis über vier Meter dick war, ist an vielen Stellen zu sehen, doch nirgendwo wird die Wehrhaftigkeit, die diesem Bauwerk eigen gewesen sein muss, eindringlicher bewusst als angesichts des Ostentors.

Das ab dem Jahr 1284 entstandene Ostentor wurde am östlichen Rand der heutigen Altstadt von Regensburg zum Schutz der damaligen sogenannten „Ostenvorstadt" errichtet. Durch dieses Stadttor zog der aus Wien kommende jeweilige Kaiser bei Besuchen in die Stadt ein. Das fünfgeschossige Bauwerk wurde gemäß entdeckter Steinmetzzeichen von Mitgliedern der Regensburger Dombauhütte errichtet, die noch immer für den Erhalt des Doms sorgen. Heute zählt das Ostentor zu den besterhaltenen gotischen Stadttoren Deutschlands. Das Innere des Tors kann an ausgewählten Tagen und insbesondere während des jährlich veranstalteten Ostengassenfestes besichtigt und der Turm sogar bestiegen werden. In unmittelbarer Nähe des Ostentors befinden sich die einstige königliche Villa, der wunderschön angelegte Villapark und die Donau-Uferpromenade.

Wer vor dem Ostentor steht und es durchschreitet, kann sich gut vorzustellen, wie einst fahrende Händler und das kaiserliche Gefolge unter den gestrengen Augen der Stadtwachen hindurchpassierten. Es lohnt sich, vor dem Tor einmal innezuhalten und mehr als einen Blick über die unversehrte Fassade gleiten zu lassen, die je nach Tageszeit aus Osten, Westen oder Süden von der Sonne hell erleuchtet wird.

TIPP

Gleich beim Ostentor befindet sich das Ostentorkino mit Kneipe und das Restaurant „Chaplin".

- Ostentor, Ostengasse 37, 93047 Regensburg
- ÖPNV: Buslinien 5/10, Haltestelle Gabelsbergerstraße

Armenisch-türkischer Genuss

49 Feinkost Sarik

Jeder Regensburger kennt ihn, den kleinen Laden am St. Kassiansplatz, dessen Obst- und Gemüseauslage den engen Durchgang zur Vier-Eimer-Gasse ziert. Wen seine Wege hier vorbeiführen, der kommt nicht umhin, einen Blick auf die bunte Vielfalt zu werfen. Und er muss sich eingestehen, dass ihm angesichts der köstlich anzusehenden und appetitlich angerichteten Waren das Wasser im Munde zusammenläuft. Hier im Feinkost Sarik wird Wert auf Qualität und Frische gelegt. Alle erdenklichen Früchte- und Gemüsesorten, die man sich wünschen kann, können hier unverpackt erworben werden. Im Inneren des Ladens erstreckt sich eine mehrere Meter lange Frischetheke mit der größten Auswahl an mediterranen Vorspeisen, die Regensburg zu bieten hat. Wer sich angesichts dieser leckeren Fülle nicht entscheiden kann, dem sei gesagt, dass er damit nicht alleine ist. Glücklicherweise wird dieses Problem ganz einfach durch die liebenswerten Betreiber gelöst, die jeden Kunden gerne probieren lassen und mit guten Ratschlägen stets zur Seite stehen. Der aus Armenien stammende Inhaber ist in Kappadokien inmitten der Türkei aufgewachsen und hat die dort heimischen Traditionen – zum Glück seiner Kunden – in den bayerischen Alltag integriert. Mehr als bloß zuvorkommend wird einem hier nicht selten entsprechend der türkischen Gastgebergepflogenheiten ein leckerer Tee – im Winter auch mit Rum – angeboten, um die Wartezeit zu überbrücken, die es dauern mag, bis das soeben bestellte Sandwich frisch in der Küche zubereitet wird.
Der Genuss guten Essens ist Ausdruck von Lebensfreude pur. Mit seinen frischen Zutaten und Zubereitungen trifft das Feinkost Sarik den Nerv der Zeit. Ob Jung oder Alt, ob Anwalt oder Künstler, Mutter mit Kind oder Student, in diesem Laden wird Lebensfreude eingekauft. Statt in Plastiktüten erwirbt der Kunde die Lebensmittel ganz ohne Verpackung und nimmt sie in eigenen Stofftaschen und Dosen mit.

- Feinkost Sarik, St.-Kassians-Platz 4, 93047 Regensburg
- ÖPNV: Buslinie A, Haltestelle Neupfarrplatz

INDASOL
HARVEST HOUSE
Party Tomaten
italian
9 95 €
1kg

Im Paradiesgarten der Erde

50

Der Botanische Garten der Universität

Tief im dichten Blattwerk Tausender Pflanzen, umgeben von unzähligen Grüntönen, kann man sich kaum vorstellen, dass nur wenige Hundert Meter entfernt Stadt und Autobahn liegen. Der Botanische Garten der Universität Regensburg wächst und gedeiht seit vielen Jahren und ist so zu mehr geworden als nur zu einem reinen Ort der Forschung. Die gepflegte Anlage mit unterschiedlichen Bereichen lädt zu ausgiebigen Spaziergängen ein, auch zum Verweilen an den Ufern der Gewässer und in einem einmaligen Biotop, einem Paradies, dessen Pforten stets geöffnet sind.

In unserer alten Stadt blickt der Botanische Garten auf eine relativ junge Lebensgeschichte zurück. Erst Ende der 1970er-Jahre wurde die Anlage im großen Stil gestaltet. Das mehr als vier Hektar umfassende Areal beherbergt etwa 1400 verschiedene Pflanzen und umfasst 24 systematisch gegliederte Bereiche mit jeweils weiteren Unterbereichen. Im Osten beginnend steigt das Gelände nach Westen leicht an und führt den Besucher durch verschiedene Lebensräume von Gräsern, Sträuchern und Bäumen quer durch die Botanik. Dazwischen wurden Steine, Felsen, Flüsse und Teiche angelegt, um die natürliche Umgebung der dort angesiedelten Gewächse möglichst authentisch nachzustellen. Die gesamte Anlage wurde dabei nicht nur großzügig, sondern vor allem auch liebevoll gestaltet. Klingt wundervoll, oder? Es wird aber noch besser, denn die Uferbereiche der Gewässer wurden an vielen Stellen mit Holzplanken verkleidet, auf denen man sich fernab der Massen ruhige Stunden gönnen und den Lauten der Natur hingeben kann.

TIPP

Im Sommer findet die Woche der Botanischen Gärten mit Führungen und Veranstaltungen statt.

Sowohl für Erwachsene, aber auch besonders für Kinder lohnt sich der Ausflug in dieses stetig wachsende Biotop, um den Bezug zur Natur und ihren Schätzen zu fördern. Gibt es hier doch so viel zu bestaunen, zu entdecken und zu bewundern. Kaum ein Ort eignet sich besser dafür, das Leben in und mit der Natur zu genießen, als dieses Paradies.

- Botanischer Garten Regensburg, Universitätsstraße 31, 93053 Regensburg
- ÖPNV: Buslinien 6/19, Haltestelle Neuprüll

Auf dem Berg der Hoffnung

51 Die Dreifaltigkeitskirche von Steinweg

Im Norden Regensburgs, im Stadtteil Steinweg, nahe der Donau auf der einen und dem Regen auf der anderen Seite, liegt malerisch der Dreifaltigkeitsberg. Auf dieser Anhöhe befindet sich die gleichnamige Kirche. Dort oben, weit über den Dächern der Stadt, findet man sich umringt von alten Bäumen, deren Blätter sacht im frischen Wind rascheln und immer wieder den Blick auf die sich unter einem ausbreitende Stadt freigeben. Es ist ein schönes, sehr ruhiges Plätzchen mit einer weitreichenden und reichen Historie.

Seit jeher war der Dreifaltigkeitsberg ein Ort des Glaubens und der Hoffnung. Dabei ist die Geschichte, die zum Bau der Dreifaltigkeitskirche führte, wahrlich nicht vom Glück geprägt. Die Bewohner der Stadtteile Stadtamhof und Steinweg errichteten das Gotteshaus während des Ausbruchs der schweren Beulenpest im Jahr 1713. Sie hofften, so durch Gottes Gunst von der Epidemie verschont zu bleiben. Trotz entsprechender Maßnahmen konnte der Ausbruch letzten Endes nicht verhindert werden. Dennoch, oder vielleicht gerade deshalb, wurde der Bau der Kirche immer weiter vorangetrieben. Nachdem die Pest überwunden war, wurde die Kirche zum religiösen Zentrum der nördlichen Stadtgebiete und schließlich zur Pfarrkirche von Steinweg. Hinauf zur Kirche führt ein kurzer, aber sehr schöner Kreuzweg, der als Kulturdenkmal gilt. 14 Steinstelen mit Metallreliefs bilden die Stationen, die bereits um 1845 entstanden sind, und der Weg endet in der Kreuzwegkapelle.

Dank der umliegenden Natur, dem Anschluss an die Winzerer Höhen und natürlich dem herrlichen Blick auf die Regensburger Altstadt sind der Dreifaltigkeitsberg und seine Kirche heute beliebte Ausflugsziele. Die Regensburgerinnen und Regensburger kommen gerne hier heraus, sei es allein oder mit Familie und Freunden, aus religiösem Interesse oder aus Liebe zur Natur. Vom einstigen Leid ist nichts mehr spürbar, stattdessen regiert heute die Freude der glücklichen Ausflügler.

● Dreifaltigkeitsberg und -kirche, Am Dreifaltigkeitsberg 20–22, 93059 Regensburg
● ÖPNV: Buslinie 13, Haltestelle Steinweg

STEINWEG
INEN HELDEN

Wandern am Jurasteig

52

Die Schwarze-Laber-Schlaufe

Regensburg ist eine Stadt, die zu Fuß erkundet werden will. Aber nicht nur die Stadt, sondern auch die umliegende Natur ist ein Paradies für Fußgänger, Wanderer und Walker. Gleich vor den westlichen Toren der Stadt verläuft der Jurasteig. Der als Qualitätsweg ausgezeichnete Steig zieht sich auf insgesamt 237 Kilometern durch das Herz Bayerns. Der kleine Abschnitt bei Eilsbrunn ist einer der beeindruckendsten Wanderwege der Regensburger Region. Über saftige Wiesen gelangt man vorbei an grasenden Schafherden hinauf zu einem Plateau, das den Blick über die sich vor einem ausbreitende Oberpfälzer Landschaft preisgibt. Schroffe Felsen laden zum Klettern ein, Fledermaushöhlen wollen vorsichtig erkundet und kleine Geocachingschätze gefunden werden. Es lohnt sich kaum, die Kamera auszuschalten.

Der als Schwarze-Laber-Schlaufe bekannte Abschnitt zwischen Unteralling und Eilsbrunn führt den begeisterten Wanderer zu weiteren natürlichen Highlights, vorbei an mehreren, teilweise noch betriebenen, Mühlen und Sägewerken, einer alten Bahnstrecke und Mauerresten einer ehemaligen Burg. Für Naturfreunde und wahre Entdecker gibt es auf dem Weg immer wieder kleinere und größere Umwege und Abzweigungen, die einen zu weiteren Schauplätzen landschaftlicher Schönheit führen. Dazwischen entdeckt man malerisch gelegene Sitzbänke und alte Bäume, deren Wurzeln und Stämme zum Anlehnen und Verweilen einladen. Es ist nur ein kurzer Weg über die Grenzen der Stadt hinaus, und man findet sich in einer alpin anmutenden Landschaft wieder, die mit ihrer natürlichen Vielfalt und einem abwechslungsreichen Angebot an Outdoor-Aktivitäten stets zu überraschen weiß. Wenn man den Blick über das Laabertal schweifen lässt, das sich bis in weite Ferne zieht, die Stadt mit all ihren Menschen und Häusern im Rücken, schlägt das Herz vor Fernweh schneller. Man möchte unweigerlich weiterziehen. Immer weiter, so weit die Füße tragen.

- Jurasteig, 93161 Sinzing
- ÖPNV: Buslinie 27, Haltestelle Eilsbrunn, Kirche

Städtische Gartenliebe

53 Der Garten am Herzfleck

Die Namen mancher Orte in Regensburg stechen Spaziergängern sofort ins Auge. Es gibt aber nur wenige, deren Namen die Schönheit eines Platzes so zutreffend beschreiben wie der Rote Herzfleck.

Für Ortsunkundige ist es nicht ganz einfach, den versteckten Herzfleck zu finden. Durch ein Tor links neben dem Alten Rathaus gelangt man in eine Gasse, der man bis zum Ziel folgt. Wo heute ein Teil der Regensburger Stadtverwaltung untergebracht ist, befand sich der Legende nach einst ein Gasthaus namens „Roter Herzfleck", welches dem Platz seinen Namen gab. Dieser rührte von den dort im versteckten Bordell untergebrachten Damen her. Diese trugen zum Zeichen der käuflichen Liebe, die sie feilboten, große rote Herzen an der Kleidung. Die günstige Lage zum damaligen Rathaus – so wird es erzählt – war nicht rein zufälliger Natur. So gaben sich hier wohl Männer von hohem Rang die Klinke in die Hand, bis das Gebäude 1730 zum Quartier der Bediensteten der Reichstagsgesandten umfunktioniert wurde. Heute erinnert außer der roten Außenfassade nichts an diese wilden Zeiten. Der Rote Herzfleck ist zu einem malerischen Ort der Ruhe geworden.

Auf der angelegten Grünfläche lassen die Aktivisten der Bewegung Transition Regensburg ihrer Liebe zu Pflanzen und Gärten freien Lauf und verwandeln den Platz Jahr für Jahr in einen kleinen städtischen Garten. Gemeinsam mit Bürgern, Organisationen, Behörden und Wirtschaftsträgern soll so dazu beigetragen werden, Regensburg lebenswert und umweltfreundlich zu gestalten. Mit dem Herzfleck-Garten ist damit bereits die zweite grüne Oase Regensburgs entstanden, in der sogar Gemüse angebaut wird.

Die Idee hinter diesem Projekt ist zum einen, Orte zu schaffen, die die Sehnsucht der Stadtbewohner nach grünen Wohlfühloasen stillen. Zum anderen ist Urban-Gardening natürlich auch eine wunderbare Möglichkeit, sich mit frischem Obst und Gemüse zu versorgen, während man beim Gärtnern das Glück in der Natur findet.

TIPP

Transition Regensburg betreibt im Stadtgebiet drei weitere schöne Gärten, www.transition-regensburg.de.

- Transition Garten am Herzfleck, Silberne-Kranz-Gasse, 93047 Regensburg
- ÖPNV: Buslinien 1/4/11/N6, Haltestelle Fischmarkt

Roter Herzfleck

Historisches Fast-Food

54 Die Wurstkuchl

Schon von Weitem kann man die frischen Bratwürste riechen, die täglich in der alten Wurstkuchl auf dem Grill brutzeln. Ihr Duft breitet sich in den nahe liegenden Gassen aus, zieht über die Steinerne Brücke und lockt die Gäste in das kleine Häuschen an der Uferpromenade der Donau.

Wenn man so will, ist die Wurstkuchl einer der ältesten bis heute betriebenen Fast-Food-Stände der Welt. Ihr historischer Ursprung ist auf ein kleines Gebäude zurückzuführen, das während des Baus der Steinernen Brücke als Baubüro diente. Nachdem diese vollendet war, musste das Büro weichen, und das kleine Häuschen wurde zur sogenannten „Garküche auf dem Kranchen“. An Gästen mangelte es der Wurstkuchl schon damals nicht, und daran hat sich bis heute kein bisschen geändert. An massiven Holztischen im Innen- und Außenbereich kann man die durchweg fantastischen Speisen verzehren – soweit man einen der heißbegehrten Plätze ergattert. Dem unbestreitbar verdienten Ruhm ist es zu verdanken, dass man sich an warmen Sommertagen für eine der schmackhaften Bratwurstsemmeln am Ende einer langen Schlange anstellen muss. Die fleißige Wurstbräterin hat ihr besonderes Handwerk perfektioniert, und so dauert es nie allzu lange, bis sich der Genuss einstellt. Die Würstl werden traditionell mit Sauerkraut und hausgemachtem süßem Senf in einem Schwarzer-Kipferl serviert. Diese Zutaten sind dabei ein unverzichtbarer Teil des kulinarischen Erlebnisses.

Die historische Wurstkuchl gehört heute – neben berühmten Sehenswürdigkeiten wie dem Dom und der Steinerner Brücke – zum Pflichtprogramm der Regensburg-Besucher. Ein Spaziergang durch die historische Altstadt findet hier an diesem Ort, an dem das alte Regensburg noch zu leben scheint, ein perfektes, unvergessliches Ende. Trotz der vielen internationalen Gäste ist und bleibt die Wurstkuchl ein Ort der Tradition. Nicht ohne Grund sind auch die alteingesessenen Regensburger der wohl besten Bratwurst der Stadt seit mehr als 500 Jahren treu geblieben.

TIPP

Am Gebäude sind Hochwassermarken angebracht, die an die Beständigkeit trotz harter Zeiten erinnern.

- Historische Wurstkuchl, Thundorferstraße 3, 93047 Regensburg, Tel. (09 41) 4 66 21-0
- ÖPNV: Buslinien 1/4/11/N6, Haltstelle Thundorferstraße

HISTORISCHE
Wurstküche

Im Garten des Königs

55

Der Villapark

Pompös und strahlend schön! So lässt sich der Villapark mit der Königlichen Villa darin in wenigen Worten beschreiben und doch wären so viele weitere Adjektive nötig, um seine Pracht tatsächlich annähernd zu erfassen. Direkt am Ufer der Donau, am östlichen Ende der Altstadt, erstreckt sich dieses grüne Juwel in unmittelbarer Nähe zum Ostentor und schließt damit den Regensburger Grüngürtel ab. Früher befand sich an dieser Stelle der Aussichtspunkt Bellevue, der Ausblicke auf den Regensburger Dom und die Walhalla gewährte. Einst die Sommerresidenz von Maximilian II., befindet sich die Villa heute im bayerischen Staatsbesitz. Sie hat im Laufe der Zeit nichts an Glanz eingebüßt und bildet das Ziel von Ausflügen ins Grüne und die Kulisse für Sommerabendkonzerte. Da sie für die Öffentlichkeit nicht zugänglich ist, lässt sie sich am eindrucksvollsten von den saftigen Wiesen des kunstvoll angelegten Villaparks aus bewundern.

Der etwa 1,5 Hektar große Villapark ist eine der ganz besonderen Anlagen der Stadt. Ursprünglich wurde er als Schlossgarten auf dem weitläufigen Gelände einer ehemaligen Bastei angelegt. Die Bauherren legten dabei besonderen Wert auf durchdachte Bepflanzung und reichen Baumbestand. Bäume, Sträucher und Pflanzen wurden aus den bayerischen Hofgärtnereien in Nymphenburg, Schleißheim und Wäldern der Umgebung angeliefert, um die Vielfalt der heimischen Fauna widerzuspiegeln. Von der nah gelegenen Ostengasse bis zum Haupteingang der Villa führt außerdem eine prachtvolle Allee aus Lindenbäumen.

Der Villapark ist genau der richtige Ort, um im Antlitz der bayerischen Geschichte zu rasten, im Schatten der blühenden Bäume und Sträucher zu liegen, Kindern beim unbeschwerten Spielen zuzuschauen oder mit Blick auf die nahe Donau den Tag an einem lauen Abend glücklich ausklingen zu lassen. Kurzum, hier lässt sich das Leben in vollen Zügen genießen. Kein Wunder also, dass der vergleichsweise kleine Villapark bei den Regensburgern so beliebt ist.

● Villapark/Königliche Villa, Adolf-Schmetzer-Straße 1, 93055 Regensburg
www.your-regensburg.de/sehenswertes/historische-gebaeude/konigliche-villa
● ÖPNV: Buslinien 5/10, Haltestelle Weißenburgstraße

Die Bühne über den Dächern

56

Im Turmtheater Regensburg

Regensburg ist das kulturelle Zentrum der Oberpfalz, in dem sich die kreativen und innovativen Ideen der Region sammeln. Hier werden sie auf den vielen bunten kleinen und auch etwas größeren Bühnen der Stadt realisiert, Aufführungen und Ausstellungen werden vom Publikum mit Freude, Spannung und Begeisterung angenommen. Das Spektrum der Darbietungen ist dabei so vielfältig wie die Art der Bühnen selbst. Man findet sie in Kellergewölben alter Häuser, im grünen Umfeld der Parkanlagen, in den erhalten gebliebenen imposant großen Theatern oder in den Räumen angesagter Clubs und gefragter Bars. Wer eine Bühne sucht, der wird eine finden und dabei nicht selten über die extravagante Kulisse staunen. Hoch oben über den verwinkelten Dächern der Regensburger Altstadt thront mit dem Turmtheater ein besonders ansehnliches Theater, dessen Repertoire ebenfalls höchsten Ansprüchen gerecht wird. Auf der Bühne im sechsten Stock des historisch bedeutsamen Goliathhauses erleben die Zuschauer herzerwärmende Komödien, aktuelles Kabarett, innovatives Improvisationstheater, mitreißende Performances sowie spannende Podiumsdiskussionen, Lesungen und Vorträge. Die mächtige Patrizierburg mit ihren wehrhaften Zinnen liegt nur einen Steinwurf von der Steinernen Brücke und dem Regensburger Dom entfernt. Seit dem 13. Jahrhundert war hier das Wohn- und Geschäftshaus mächtiger und reicher Patrizierfamilien. Um 1573 ließen die damaligen Besitzer vom Künstler Melchior Bocksberger an der der Donau zugewandten Seite ein riesiges Außenfresko vom Kampf zwischen David und Goliath an das Gebäude anbringen, das noch immer bewundert werden kann.

Mit seinen 79 Sitzplätzen ist das Turmtheater heute ein kleiner, aber höchst lebendiger Anlaufpunkt der Regensburger Kulturszene. Zuschauer, die das Besondere suchen, schätzen die ungezwungene Atmosphäre. Ein Ort der Kunst und Poesie, an dem einem das Herz Stück für Stück aufgeht.

TIPP

Im gleichen Gebäude befindet sich das Gourmetrestaurant „Storstadt".

- Turmtheater, Watmarkt 5, 93047 Regensburg, Tel. (09 41) 56 22 33 www.regensburgerturmtheater.de
- ÖPNV: Buslinien 1/4/11/N6, Haltestelle Thundorferstraße

Sommerparadies auf der Insel

57

Auf der Jahninsel

Die Jahninsel, das ist eine wilde, grüne Uferlandschaft unter der Steinernen Brücke, zwischen den Donau-Armen und mitten in der Regensburger Altstadt. Besonders für junge Leute und Familien ist die Jahninsel zur Sommerzeit ein absolutes Sehnsuchtsziel.
Dort, wo sich die Regensburger vor dem Panorama der Altstadt tummeln, floss bis in die 1940er-Jahre tatsächlich noch Donau-Wasser. Die Anfänge der Insel reichen zurück ins Jahr 1388. Zu dieser Zeit wurden die beiden Donau-Inseln, die Wöhrde, miteinander verbunden. Das geschah, um den durch natürliche Gegebenheiten bedingten unterschiedlichen Wasserstand zum Antrieb von Mühlen nutzen zu können. Eines dieser Mühlräder, wenn auch außer Betrieb, kann übrigens heute noch „Am Beschlächt" betrachtet werden. Aufgrund von Umbauten und Ablagerungen ergaben sich seit dem 19. Jahrhundert deutliche Veränderungen. Dadurch grenzt die Insel heute nicht mehr an den Donau-Nordarm, sondern liegt inmitten eines separaten Kanals.
Die Regensburger könnten nicht dankbarer sein für das Land in seiner heutigen Form. Auf der Halbinsel mit einer Fläche von nahezu 29 Hektar kann man den Sommer in vollen Zügen genießen. Relaxen, sich sonnen, grillen, Partys feiern, in der Donau baden, sich mit Freunden treffen – für all das steht die Jahninsel. Täglich trifft man hier auch sportliche Regensburger, die ihre Slackline zwischen den Bäumen gespannt haben, die Volleyballer, Hacky-Sacker, Frisbeewerfer und diverse andere Sportskanonen. Auch Gitarrenklänge, Cajun-Getrommel, Lagerfeuergesänge und Hundegebell sind keine Seltenheit. Auf jeden Fall ist die Jahninsel ein Ort der Vielfalt und Toleranz. Tolerant und offen – das sind sie tatsächlich, die jungen Regensburger. Auf der Jahninsel ist jeder willkommen, egal, welche Hautfarbe er hat, egal, welche Frisur er trägt, egal, welche Lebenseinstellung er hat. Es ist ein sehr bunter und vor allem liebenswerter Haufen, der sich auf der Jahninsel tummelt.

TIPP

Wer seinen Müll anschließend aufräumt, darf auf der östlichen Hälfte der Jahninsel sogar grillen.

- Jahninsel, 93059 Regensburg
- ÖPNV: Buslinien 1/4/11/N6, Haltestelle Thundorferstraße

Dampferfreunde aufgepasst!

58

Das Donau-Schifffahrts-Museum

Regensburg hat viele bedeutende und bemerkenswerte Denkmäler, die ungewöhnlichsten aber schwimmen auf der Donau. Das Donau-Schifffahrts-Museum ist kein Museum im klassischen Sinn. Hier wird das gesammelte Wissen über die Geschichte der Donau-Schifffahrt nicht lediglich durch Berichte, Bilder und anderes Anschauungsmaterial vermittelt, das Museum besteht nämlich aus zwei alten restaurierten Donau-Schiffen und ist damit selbst Bestandteil der einzigartigen Ausstellung, welche von Ende März bis Oktober besucht werden kann.

Der Radzugdampfer Ruthof/Érsekcsanád (Baujahr 1922/23) und der Motorzugschlepper Freudenau (Baujahr 1941) wurden vom Arbeitskreis Schifffahrts-Museum Regensburg in mühevoller und jahrelanger Kleinarbeit restauriert. Heute sind an Bord der beiden Museumsschiffe viele Originalräume für Besucher zugänglich. Mit verschiedenen Dioramen, detaillierten Modellen und informativen Schautafeln wird die Geschichte der Donau-Schifffahrt wieder zum Leben erweckt. Während der Radzugdampfer seine aktiven Tage heute lange hinter sich gelassen hat, ist die Freudenau auch heute noch voll fahrtüchtig und wird zu besonderen Anlässen in Betrieb genommen.

TIPP

Die Freudenau kann für Gruppen bis zu 50 Personen auch privat gemietet werden.

Bereits von Weitem sind die Kamine des einstigen Dampfschiffes Ruthof für Spaziergänger am Donau-Ufer erkennbar. Sie vervollkommnen den Panoramablick auf Donau, Steinerne Brücke und die Spitzen des Doms. Die Schifffahrt ist und war seit jeher ein wichtiger Teil der Geschichte und Kultur der Stadt. Ohne sie gab es keine Reisen, keinen Handel, keinen Wohlstand und keinen Wiederaufbau nach dem Krieg. Im Bauch der alten Donau-Riesen wird man zurückversetzt in eine frühere Zeit, in der die Schifffahrt ein Bestandteil des alltäglichen Lebens war. Was die beiden Museumsschiffe alles gesehen und erlebt haben, kann man heute nur erahnen. Bei einem Besuch im Inneren spürt man aber ganz deutlich die Kraft, die bis heute in den Schiffen steckt und die sie so viele lange Jahre und so viele unzählige Kilometer über die Donau fahren ließ.

- Donau-Schiffahrts-Museum Regensburg, Marc-Aurel-Ufer 1, 93047 Regensburg www.donau-schiffahrtsmuseum-regensburg.de
- ÖPNV: Buslinien 1/4/11/N6, Haltestelle Thundorferstraße

S
R
RUTHOF
ÉRSEKCSANÁD

Karibik-Feeling & Lebenslust

59 Der Regensburger Stadtstrand am Oberen Wöhrd

Der Regensburger Sommer ist die Zeit der langen Nächte, der Lebensfreude und des Draußenseins. Aber was wäre bloß ein Sommer ohne die erfrischenden Abkühlungen, die die Lebensgeister wieder zu erwecken wissen? In Regensburg gibt es neben den Schwimmbädern und Weihern noch einen ganz besonderen Ort, an dem einen das pure Urlaubs-Feeling überkommt: der Stadtstrand am Oberen Wöhrd.
Wer diesen schönen Platz nicht kennt, der wird nur mit viel Glück zufällig auf ihn stoßen oder aber wie schon viele einfach an ihm vorüberziehen. Das Regensburger Strandparadies liegt nämlich gut versteckt hinter den Bäumen und Hausreihen der Wöhrdstraße und ist damit ein wahrer Geheimtipp, den so mancher Stammgast nur zu gerne für sich behalten würde. Vom Grieser Steg bis fast zur Nibelungenbrücke führt der gemütliche Spazierweg die Donau hinab, immer ganz nah am Wasser, das von einzelnen Schiffen aufgewühlt auf die Sandbänke schlägt.
Während des Jahrhunderthochwassers von 2013 stand Regensburg Land unter. Und nicht nur hier am Flussufer hat die Flut die Landschaft nachhaltig verändert. Nachdem die Pegel der Donau auch bei Regensburg wieder gesunken waren, wurde die Verwüstung, die das Wasser zurückließ, überall in der Stadt sichtbar. Im Falle des innerstädtischen Donau-Ufers ist der Begriff „Verwüstung" leider wörtlich zu verstehen. Hier hat die Flut unzählige Kubikmeter Sand zurückgelassen, die zu einer regelrechten Strandpromenade angehäuft wurden. Aus den sandigen Kuppen wuchsen die Gräser, Bäume und Sträucher wieder nach. Und dazwischen entspannen die Regensburger auf ihren bunten Strandlaken. Der Stadtstrand am Donau-Ufer ist ein schöner Beweis, dass selbst größere Tragödien letztendlich zu einer positiven Entwicklung führen können. Man lernt, dass es sich lohnt, im Leben stets nach vorne zu blicken. Wo heute vielleicht noch ein Hochwasser Sorgen bereitet, kann sich morgen schon ein Strand zeigen, der sie einen vergessen lässt.

- Oberer Wöhrd, 93059 Regensburg
- ÖPNV: Buslinien 3/4/8, Haltestelle Wöhrdstraße

Die Höhle des grünen Tigers

60 Der Bagel-Store Tigergreen

Ob Bagel, Beygel oder Beigel, wie auch immer man sie nennt, im Bagel-Store Tigergreen dreht sich alles um die runden Leckerbissen aus ungesüßtem Hefeteig. Außen knusprig und weich im Inneren, so werden die Bagels hier serviert. Du bist, was du isst: Das ist die Philosophie und zugleich das Motto des kleinen Ladens in der Oberen Bachgasse in Regensburgs Altstadt. Hier bestimmt jeder selbst, was auf den Teller kommt. Wer jetzt an Fastfood denkt, ist jedoch gänzlich auf dem Holzweg. Im Tigergreen werden gesunde, vollwertige und überaus leckere Mahlzeiten angeboten, die allesamt frisch vor Ort zubereitet werden. Ob süß, herzhaft, vegetarisch, vegan oder mit Fleisch, die Auswahl an frischen Aufstrichen und regionalen Zutaten setzt der Fantasie keine Grenzen. Wem die Qual der Wahl für eine individuelle Genusskreation zu groß ist, kann sich einfach an den in geschwungenen Lettern an der Wandtafel aufgeführten Rezeptvorschlägen orientieren. Die kulinarische Kreativität wird hier gelebt und geliebt. Langeweile oder gar Eintönigkeit sind Fremdwörter und bleiben hier vor der Tür. Dafür sorgt aber nicht nur das ständig wechselnde Angebot, das keinen Sonderwunsch offenlässt. Gerade das junge Team im Tigergreen ist es, das für die erfrischend fröhliche Atmosphäre sorgt. Hier hat man das Gefühl, auf eine kleine bunte Familie zu stoßen, die einen einlädt, ein Teil von ihr zu werden.

Natürlich steht der gute Geschmack im Vordergrund, aber auch Nachhaltigkeit wird in diesem versteckten Lädchen großgeschrieben. Wer seinen Bagel mitnehmen möchte, bekommt ihn in braunes Recyclingpapier eingewickelt und auch sonst wird gänzlich auf Plastik und unnötigen Müll verzichtet. Am besten schmecken die hochwertigen Mahlzeiten aber, wenn man sie vor Ort an einem der Hochtische oder im Freien auf dem Fensterbrett vor dem Laden verzehrt. Das ist die neue Art zu essen: jung, alternativ, gesund und allem voran einfach unfassbar lecker!

● Bagel Store Tigergreen, Obere Bachgasse 20, 93047 Regensburg,
Tel. (09 41) 38 21 73 29, www.tigergreen.de

Milchiges:
Cappuccino
Milchkaffee
Latte Macchiato
Aromatisches:
Chai Latte
Heiße Schokolade
Tee
Wir verwenden
bio-Milch
laktosefreie oder
Soja-Milch
Unsere Verpackungen sind aus
nachwachsenden &
recycleten Rohstoffen
♡-hafte Bagels
Der Klassiker
Bengalischer Bagel
Ziegenpeter
Roma Bagel
Chili Chicken
Tiger Green
Indian Summer
Tiger fängt Fisch
Lox
Nizza Bagel
Hipster Bagel
Tuna Bagel
Deine Kreation?
Süße Bagels
Lausbub
Creme Cheese Bagel
Good Morning Bagel
Affenkönig
Brown Tiger
Little Miss Sunshine
Bagel & Coffee Gutschein
chai
Avovego
Bagelsorten:

Lauschiges Plätzchen am Fluss

61

Die Schillerwiese

Ist man erst einmal mit dem Fahrrad von der Altstadt dem Donau-Radweg folgend im Westen Regensburgs angelangt, entschädigen saftige Grünflächen, der schöne Westbadweiher, Spielplätze und das malerische Donau-Ufer für die schweißtreibenden Mühen. Aus all dieser natürlichen Vielfalt sticht die Schillerwiese am nördlichsten Punkt der Donau in Regensburg als besonderes Sommerschmankerl hervor. Ob im warmen Donau-Sand oder auf einer der Wiesenflächen, hier findet man immer ein lauschiges Plätzchen direkt am Fluss, um sich von den Sonnenstrahlen wärmen zu lassen und mit Ruhe erfüllt das Treiben auf der Donau zu beobachten. Wenn außer kräftigen Ruderern des Regensburger Ruder-Clubs ab und zu Schiffe vorbeiziehen, kommen echte Urlaubsgefühle auf. Sogar das Baden in der Donau ist möglich.

TIPP

Bei der Schillerwiese befindet sich ein naturbelassenes Fledermaus biotop.

Ihren heutigen Namen trägt die Schillerwiese seit 1905, als der Verschönerungsverein Regensburg neben vielen anderen Bäumen eine Schiller-Linde pflanzte und zu Ehren des 100. Todestags von Friedrich Schiller ein Gedenkstein errichtet wurde. Zuvor wurde die Gegend im Uferbereich der heutigen Schillerwiese in der Bevölkerung wegen der saftigen Weiden und Wiesen auch „Kuhwiese" genannt. Lange Zeit fehlte der Gegend die Anziehungskraft, da durch den Bau der Donau-Brücke sowie den Aufstau der Donau die einstigen Badeanstalten verschwanden. Die Renaturierung der wunderbaren Uferzone wurde erst um das Jahr 2000 durch eine Bürgerinitiative erreicht. So entstanden erneut Badebuchten am Donau-Ufer in Richtung Westen. Bald bereicherten sogar Kunstwerke die Grünanlage. Mit dem sich anschließenden Donau-Park wurde diese zur größten Parkanlage der Stadt.

Wenn einer der Donau-Riesen langsam am Ufer der Schillerwiese vorbeizieht, schwappen die Wellen sanft auf den Strand. Ein himmlisches Geräusch! In solchen Augenblicken gibt es nur eines: mit geschlossenen Augen den Lauten des Wassers lauschen und sich ganz dem Wohlgefühl hingeben.

- An der Schillerwiese, 93049 Regensburg
- ÖPNV: Buslinie 11, Haltestelle Weinweg

Kiez-Kino fürs Herz

62

Das Ostentor-Kino

Ein Kinoabend ist stets ein besonderes Erlebnis. Das war immer so, und daran hat sich auch durch Internet, Onlinesender und Streamingdienste nichts geändert. Kino ist und bleibt Kult! Und in Regensburg ist kein Kino so kultig wie das Ostentor-Kino. Die selbst gewählte Bezeichnung „Lichtspielhaus“ dürfte es auf den Punkt bringen, denn ein einfaches Kino ist es wahrlich nicht. Das Ostentor-Kino blickt zurück auf eine ereignisreiche Vergangenheit. Seit 1971 wird hier eines der ersten und damit ältesten Programmkinos Deutschlands betrieben. Wie der Name bereits vermuten lässt, findet sich dieses kleine Schmuckstück in einem alten Gebäude in der Nähe des Ostentors. Schon der Eingang und die darüberliegende Leuchttafel versprühen jede Menge Retrocharme, und auch im Inneren wird der Besucher nicht enttäuscht. An einem kleinen Fenster im mit Filmpostern tapezierten Eingangsbereich kauft man die Eintrittskarten, Süßigkeiten und Getränke, bevor man den Vorführsaal betritt. Feste Sitzplätze gibt es hier nicht, sondern jeder sucht sich seinen Lieblingsplatz selbst aus oder nimmt einfach den, der noch frei ist. Das ist mehr als reines Filmschauen, das ist Kino-Feeling pur. Neben aktuellen Blockbustern, Kunstfilmen und Klassikern ist das Ostentor-Kino auch Austragungsort für Filmfeste, außergewöhnliche Screenings und eigens für Kinder organisierte Veranstaltungen wie das „Kinderkiezkino“ und der Veranstaltung „Floh im Ohr“, bei der Kinderbuchautoren und -autorinnen von Bildern und Musik begleitet lesen und erzählen.

Wer mag, verbindet Kino und Kneipe: Durch die kleine Tür vorne links der Leinwand geht es in die urige Kinokneipe. Ein Platz für Musik, für Gespräche über Filme, die Welt und das Leben. Wer gerne ins Kino geht, der wird das Ostentor-Kino lieben. Es ist ein besonderer Ort mit seiner eigenen Zeit, den man glücklich verlässt und an den man gerne wieder und wieder zurückkehrt.

● Ostentor-Kino, Adolf-Schmetzer-Straße 5, 93055 Regensburg, Tel. (09 41) 79 19 74
www.ostentorkino.de
● ÖPNV: Buslinien 5/10, Haltestelle Weißenburgstraße

OSTENTOR-KINO
SA 14 30 BEGONIA
17 00 D. HAUS AM MEER
19 00 OF FATHERS AND ...
21 00 IRON SKY 2
Robert Redford
Ein Gauner & Gentleman
OF FATHERS AND SONS

Handarbeit mit Herz

63 Das [hantwerck]

Handgefertigte Keramik ist DAS Must-Have in jedem modernen Zuhause. Blumentöpfe, Tassen, Teller und Kannen, Untersetzer oder einfach ein besonderes Dekorationsstück. Die Form- und Farbgestaltung kennt keine Grenzen. Wer seine Gäste (oder Follower) aber mit solch schönen Gegenständen wirklich beeindrucken möchte, legt Wert auf Handarbeit, Nachhaltigkeit und Regionalität. Support your local pottery! Die jung(geblieben)e Handwerker- und Künstlerszene der schönen Regensburger Innenstadt kann sich wahrlich sehen lassen. Ein wirklich besonderer Stern am Handmade-Himmel ist die Töpferei [hantwerck], ein Einfraubetrieb mit ganz besonderem Credo. Im Laden für regionale Handwerkskunst steht der verantwortungsvolle Umgang mit den zur Verfügung stehenden Ressourcen und natürlich der Umwelt im Vordergrund. Alle Rohstoffe, die noch irgendwie verwertbar sind, werden auch verwendet oder zumindest für spätere Projekte aufbewahrt. Der Konsum- und Verschwendungsgesellschaft wird so nachhaltig der Kampf angesagt. Wer den schnuckeligen Laden im Weißgerbergraben 9 betritt, spürt sofort die Liebe, die hier in jedem der individuellen Kunstwerke steckt, die die Regale füllen. Alexa weiß das traditionelle Handwerk einzigartig mit Liebe zu Details und schlichtem Design zu verbinden und schafft damit eine wundervolle Atmosphäre, die man sich mit den stilvollen Werken mit nach Hause nehmen kann.
Wer das Glücksgefühl, sein eigenes Töpferkunstwerk zu fertigen, zu gestalten und zu vollenden, selbst erleben möchte, der ist hier ebenfalls an der goldrichtigen Adresse. Alexa bietet verschiedene Töpferkurse und Workshops an, die sich auch hervorragend als Event für verschiedenste Anlässe planen lassen. „Vom Kopf direkt in die Hand hin zum gut durchdachten Design", so beschreibt Alexa ihre Tätigkeit und trifft damit den Zahn der Zeit. Weg vom Einheitsbrei der Massenproduktionsstätten, hin zu Individualität und Liebe zum Selbstgestalten.

- [hantwerck], Weißgerbergraben 9, 93047 Regensburg, Tel. (09 41) 38 22 55 28
www.[hantwerck].de
- ÖPNV: Buslinie A, Haltestelle Arnulfsplatz

100%

Wilder Westen

64 Am Westbadweiher

Wo frische Luft die Lungen füllt und der Duft der Donau beseelt, ist man im grünen Zentrum Regensburgs angekommen. Der Donau-Park im Westen Regensburgs ist die größte Parkanlage der Stadt und ein Eldorado für Sportbegeisterte und Naturliebhaber zugleich. Die ansprechend angelegte Lauf- und Fahrradstrecke ist im Sommer stets gut besucht, und das Donau-Ufer ist Treffpunkt für Familien, Studenten und Verliebte, die die Sonne, die Wärme und die freie Landschaft genießen möchten. Wer sich mehr Ruhe und mehr Einsamkeit fernab vom Trubel wünscht, um die Tier- und Pflanzenwelt zu genießen, der findet sein Glück am Ufer des Westbadweihers.

Bereits vor vielen Jahren existierten Kiesabbaugebiete im Westen Regensburgs, die sich mit Grundwasser füllten. Während der Nachkriegszeit veränderte sich die Gegend zusehends, und mit Beendigung des Kiesabbaus konnte der fast 65 Hektar große Donau-Park entstehen. Die Spuren der Vergangenheit waren weiter sichtbar, und die mit Grundwasser gefüllte Grube wurde zum heutigen Westbadweiher. In den 1980er-Jahren war der See ein beliebter Badeplatz, was jedoch schnell zur Verschlechterung der Wasserqualität führte. Um der Natur ihr Recht zurückzugeben, wurde die Uferbepflanzung gefördert. Heute sorgt außerdem ein Schöpfwerk für einen konstanten Wasserpegel. Viele Pflanzen haben sich rund um den Weiher ausgebreitet und zahlreiche Land- und Wassertiere hier ihre Heimat gefunden.

Die Verwilderung des Ufers hat den einstigen Baggersee in ein wahres Paradies verwandelt. Schmale, verzweigte Wege führen um den See herum, und versteckte Trampelpfade leiten zu geheimen kleinen Plätzen. Hier fällt es leicht, einfach mal abzuschalten. Die Geräusche der Wasser- und Singvögel mischen sich mit dem Rauschen der Blätter im Wind und dem Plätschern des fischreichen Wassers. Hier fühlt man sich unmittelbar mit der Natur verbunden. Das sind die Geräusche der Heimat, hier fühlt man sich zu Hause.

- Westbadweiher nähe Westbad, Messerschmittstraße 4, 93049 Regensburg
- ÖPNV: Buslinie 11, Haltestelle Westbad

Erntefrisch am Samstag

65

Der Wochenmarkt am Alten Kornmarkt

Es gibt wohl nichts Schöneres, als an einem sonnigen Samstagmorgen über den Wochenmarkt zu schlendern und sich von den frischen Lebensmitteln zu neuen Gerichten für die kommenden Tage inspirieren zu lassen.
Der Regensburger Wochenmarkt am Alten Kornmarkt hat hier erst vor ein paar Jahren sein neues Zuhause gefunden, nachdem er dem Museum der Bayerischen Geschichte am Donau-Markt weichen musste. Mittlerweile haben sich Marktbeschicker und Besucher an den neuen Standort gewöhnt, den der nahe Dom in seiner ganzen Pracht überblickt. Die Standplätze sind an regionale und überregionale Anbieter vergeben. Neben mehreren Ständen mit selbst angebautem Obst und Gemüse, einem Pilzangebot, das die Augen glänzen lässt, frischen Teigwaren vom Italiener am Ölberg sowie zwei Bäckereiwagen findet man hier auch kleine private Stände. An diesen bieten die Verkäufer wortwörtlich die Früchte ihrer Arbeit an. Gerade diese unkonventionellen Beschicker sind es, die dem Wochenmarkt Seele verleihen. Goldener Honig vom Imker, frische Preiselbeeren und Schnittlauch von der Oma am Eck, Frühäpfel von Schrebergärtnern und die wohl schönsten Strohblumen der ganzen Region findet man hier dicht nebeneinander. Nach dem Einkauf lockt der mobile Kaffeestand mit einer brühfrischen Stärkung. Die angebotenen Waren variieren natürlich von Monat zu Monat, sodass man stets die passenden Zutaten für jahreszeitgemäße Gerichte zur Hand hat. Der Markt ist samstags von 5 bis 13 Uhr geöffnet. Es lohnt sich, früh aufzustehen, weil der Andrang dann noch nicht so groß ist, aber auch gegen Mittag gibt es noch Ware. Der Wochenmarkt dient nicht nur dem Einkauf, sondern auch als Treffpunkt für Freunde und Bekannte. Auch den einen oder anderen Regensburger Promi trifft man regelmäßig an. Die freundliche Gemeinschaft von Groß und Klein, Edel und Bodenständig, Einheimisch und Eingebürgert macht das Wesen dieses Wochenmarktes aus.

- Wochenmarkt, Alter Kornmarkt, 93047 Regensburg
- ÖPNV: Buslinie A, Haltestelle Domplatz

AM HERZOGSHOF

Am Platz der neuen Freude

66

Der Neupfarrplatz

Herrlich sommerliche Düfte ziehen in den frühen Stunden durch die Stadt. Die Morgensonne kündigt schon die Hitze des Tages an, und die Menschen tummeln sich bereits in den Straßen und Gassen der Altstadt Regensburgs. Das morgendliche Erwachen der Stadt ist ein wunderbares Schauspiel. Es gibt wohl kaum einen besseren Ort, um es zu beobachten, als den Neupfarrplatz. Besonders schön ist der Ausblick vom sogenannten „Balkon“ der Neupfarrplatzkirche. Ein wirklicher Balkon ist es zwar nicht, aber der breite steinerne Sockel, der die Kirche umgibt, bietet ringsum erhöhte Logenplätze. Ein mitgebrachtes Frühstück kann hier genauso genossen werden wie eine Brotzeit, ein nachmittägliches Eis, eine erfrischende Limo oder ein Gläschen Wein zum Sonnenuntergang.

TIPP

Das unterirdische Info-Zentrum document Neupfarrplatz informiert mit multimedialer Ausstattung.

Der Neupfarrplatz blickt auf eine lange Geschichte zurück. Einst etwa bewohnten die Regensburger Juden das Viertel am heutigen Neupfarrplatz, im 16. Jahrhundert fand ein Progrom statt. Westlich der Kirche befindet sich heute zum Gedenken an das zuvor einträchtige Miteinander aller Regensburger ein begehbares Bodenrelief, geschaffen vom Künstler Dani Karavan. Es ist nicht zu verfehlen, denn die hörbare Freude der dort heute begeistert herumturnenden Kinder führt einen direkt dorthin. Die Steintürmchen und Erhebungen stellen ein künstlerisches Abbild der einstigen Synagoge dar.

Die umliegenden Cafés und Restaurants, die sonnigen Sitzplätze um die Kirche, die neuen Holzbänke am Denkmal der einstigen Synagoge, all das macht den Neupfarrplatz zu einem beliebten Treffpunkt. Mehr noch ist es aber das pulsierende Leben, sind es die Musik der Straßenmusiker und der Jubel der Kinder, die diesen Ort zu einem Stadtplatz machen, wie man ihn sich in einer schönen Stadt wie Regensburg nur wünschen kann. Lebensfreude ist an diesen einmal tragischen Ort eingezogen, ohne die Geschichte vergessen zu machen. Es gibt keine bessere Art, einen solchen Platz und seine Geschichte in den Alltag der Gegenwart zu integrieren, als ihn mit Leben und Freude zu füllen.

- Neupfarrplatz, 93047 Regensburg
- ÖPNV: Buslinie A, Haltestelle Neupfarrplatz

DONAU

Von der Pest zum Paradies

67

Die Wöhrdspitze

Die schönsten Orte Regensburgs befinden sich am Wasser. Das ruhige Dahinfließen der Donau, die Betrachtung der dort ansässigen Tierwelt und der umliegenden Natur erfüllen einen mit neuer Energie im oft so hektischen Alltag. Einer dieser besonderen Orte, obgleich ein Ort mit düsterer Vergangenheit, ist der Donauspitz hinter den ehemaligen Pesthäusern. In diesen wurden die Kranken einst von der Außenwelt isoliert versorgt. Der Streifen zwischen Donau und Wöhrd war damals eine Art „No-go-Area" für die Regensburger. Das hat sich glücklicherweise geändert, und der zwischen zwei Flüssen liegende Park lädt ein zum Spielen, Baden, Spazieren und Verweilen.

Die Wöhrdspitze, auch der Wöhrdspitz, ist tatsächlich zum Paradies geworden. Kein Wunder also, dass sich hier Künstler, Freigeister und Musiker einfanden, um in Baumhäusern und auf den Wiesen zusammen das Leben zu genießen. Die kleine Kommune ist mittlerweile umgezogen, aber das Gefühl von Freiheit und Lebensfreude ist geblieben. Wenn man an der Wöhrdspitze bis an ihre tatsächliche Spitze geht, werden die Bäume, Sträucher und Büsche lichter, bis man sie schließlich hinter sich lässt. Noch ein Stückchen weiter erreicht man zu guter Letzt den Ort, an dem sich die Arme der Donau wiedervereinen. Hier, am gefühlten Ende der Welt, ist es wunderbar friedlich und angenehm einsam. Der Platz reicht gerade aus, um die Fahrräder zu parken, eine Decke auszubreiten und sich dem Hier und Jetzt hinzugeben. Nun, ganz so einsam ist man zumindest nicht die ganze Zeit, denn ab und an kommt einer der Donau-Dampfer auf seiner sogenannten „Strudelfahrt" vorbei. Davon wird man aber nicht wirklich gestört, und die Gäste auf den Schiffen winken meist freundlich und auch ein bisschen neidisch herüber.

Die Wöhrdspitze bietet all jenen einen sicheren Hafen, die sich ein wenig Zeit für sich wünschen. Die finden sie hier inmitten der einzigartigen Flusslandschaft Regensburgs, deren ähnlich schöne Plätze ansonsten so heißbegehrt sind.

- Wöhrdspitze, östliches Ende der Wöhrdstraße, 93059 Regensburg
- ÖPNV: Buslinien 3/4/8/9, Haltestelle Wöhrdstraße

Fragen über Fragen

68

Das Pub-Quiz im Murphy's Law

Mit den Worten „Welcome everybody to Pub-Quiz-Night!" wird jeden zweiten Montag die Nacht der Fragen im Murphy's Law eröffnet. Sämtliche Tische sind voll besetzt, die Stifte gezückt. Freudig angespannte Stille breitet sich im Lokal aus, und das große Raten beginnt. Gemeinsam mit den Teamkollegen werden Musik-, Bilder- und Worträtsel analysiert, diskutiert und bestenfalls gelöst. Es ist erstaunlich und zugleich bewundernswert, welches enorme Wissen in einer Gruppe stecken kann. Meist ist es ein kleines Detail, das jemandem einfällt, das zu guter Letzt zur richtigen Antwort führt.

Das Pub-Quiz ist eine Institution mit langer Tradition, das in irischen Bars in aller Welt und auch im Murphy's Law in Regensburg gepflegt wird. Gespielt wird in (Tisch-)Teams, welche gegeneinander antreten. Am Ende gewinnt das Team mit den meisten richtigen Antworten. In der multimedialen Welt unüblich, sind technische Hilfsmittel und die schnelle Internetrecherche tabu, ebenso das Abschreiben bei den Nachbartischen. Der Fair-Play-Gedanke spielt hier eine ganz wichtige Rolle. Zum Glück fehlt im Kellergewölbe des Murphy's Law der sonst so gewohnte Handyempfang, den Teilnehmenden geht es vor allem um Ehre und Ehrlichkeit.

TIPP

Wer noch kein Team hat, kann sich vor Ort einfach einem der Tische anschließen.

Die Spannung sorgt dafür, dass das Pub-Quiz so kontinuierlich begeisterten Zulauf gewinnt. Es ist vielleicht aber auch der Hauptgewinn in Form einer guten Flasche Whiskey, der die Ratefüchse antreibt. Noch viel mehr als das ist es wohl die Gemeinsamkeit, die den Abend so besonders macht. In der Schar der bunt durcheinandergewürfelten Teams findet jeder einen Platz, der offenherzig ist und Spaß am Raten hat. Die Fragen werden sowohl in Englisch als auch auf Deutsch von den Quizmastern vorgetragen, um wirklich jedem eine faire Chance zu geben. Das Vertrauen der vielen Teilnehmer in die Redlichkeit der anderen ist ein wundervolles Gut, an dem es festzuhalten lohnt und das unterstützt gehört.

● Murphy's Law, Spiegelgasse 6, 93047 Regensburg, Tel. (09 41) 5 32 95
www.murphyslaw-regensburg.de
● ÖPNV: Buslinie A, Haltestelle Gutenbergplatz

SLOW
WET
TAR
GUINNESS
SOLD HERE
TOILETTEN
Heineken
MURPHYS
MURPHYS LAW
MURPHYS
IRISH STOUT

Ein altes Tor zur Stadt

69

Die Porta Praetoria

Auf einem gemütlichen Streifzug durch die Gassen der Regensburger Altstadt gibt es unendlich viele historisch bedeutende Orte zu bewundern. Der Blick des Besuchers bleibt oft wie von allein an geschichtsträchtigen Bauten hängen. Sie heben sich in ihrer Bedeutsamkeit meist deutlich von anderen in der Stadt ab. Dennoch sind sie in das sich beständig weiterentwickelnde Stadtbild integriert und prägen so auch das moderne Regensburg. Eines der ältesten noch erhaltenen Bauwerke Regensburgs ist die frisch renovierte Porta Praetoria.

Zu Zeiten der Römer bildete dieses Nordportal des Legionärslagers Castra Regina das Ausfalltor gegen Feinde. Unter der Herrschaft Kaiser Mark Aurels war das Lager während der Markomannenkriege zur Verteidigung gegen die Germanen nördlich der Donau errichtet und im Jahr 179 vollendet worden. Damit ist die Porta Praetoria mit einem Alter von knapp 2000 Jahren zusammen mit der zeitgleich errichteten Porta Nigra, dem nördlichen Stadttor von Trier, die einzig intakte römische Toranlage nördlich der Alpen. Im Mittelalter wurden die Steine der Lagertore als Baumaterial für imposante Patrizierburgen benutzt. Trotz des Raubbaus an der altrömischen Bebauung vieler Gebäude blieb die Porta Praetoria erhalten und kann noch heute in der Straße „Unter den Schwibbögen“ besichtigt und bewundert werden.

Die in Stein gemeißelte Geschichte Regensburgs ist nicht nur in Augenschein zu nehmen, sondern auch zu durchschreiten. Dabei die Hände über die Steine dieses einmal so bedeutenden Tores gleiten zu lassen, macht Geschichte hautnah spürbar und bestens vorstellbar, wie es sich in lange vergangenen Zeiten hier gelebt haben muss. Wenn sie könnten, dann würden diese Steine viele Geschichten erzählen. Von den Menschen, die dieses Tor durchschritten haben, von den Geschehnissen in und um das römische Lager und von der Entstehung Regensburgs, wie wir es heute kennen und vor allem lieben.

- Porta Praetoria, Unter den Schwibbögen 2, 93047 Regensburg
- ÖPNV: Buslinien 1/4/11/N6, Haltestelle Thundorferstraße

Knapp überm Wasser

70 Auf dem Baum an der Donau

Wer kennt dieses Phänomen nicht: Egal wie oft man bereits an bestimmten Orten war, man entdeckt doch immer wieder aufs Neue Plätze, die einen frischen Blickwinkel auf die umliegende altbekannte Szenerie schenken. Gerade das Naheliegende und Unscheinbare braucht nicht selten Zeit, um seine wahre Schönheit zu offenbaren, und oft ist es das Einfache, das bei genauem Hinsehen besonders begeistert.
Ein Baum lädt unweit des Dultplatzes am Ufer der Donau zum Verweilen und zur Naturbetrachtung ein. Alt und bedächtig steht dieser Baum an seinem Platz direkt am Wasser. Wer weiß, was er in seinem langen Leben schon alles mitbekommen hat, während sich seine Wurzeln immer tiefer in den Erdboden gruben, um sich dort Jahrzehnt für Jahrzehnt fester zu verankern. Die tiefhängenden Äste reichen weit auf den Fluss hinaus, und der größte von ihnen erstreckt sich nahezu parallel zur Wasseroberfläche. Es bedarf nur eines kleinen Balanceaktes, und schon hat man diesen perfekten Sitzplatz erreicht. Den Blick auf die stetig fließende Donau gerichtet und den Vögeln des Inselparks lauschend, vergeht die Zeit wie im Fluge. Die Donau ist hier am Ufer Lebensquelle und Zerstörer zugleich. Hochwasser und Starkregen zerren Jahr für Jahr am Wurzelwerk der alten Uferbäume und führen unweigerlich dazu, dass deren untere Äste und so mancher Stamm im Wasser verschwinden. Auch der wundervolle Freisitz taucht regelmäßig in die Donau ein, konnte sich bislang aber stets wieder aus dem Wasser erheben und lädt aufs Neue dazu ein, die Füße entspannt ins Wasser baumeln zu lassen. Dazu ein gutes Buch, die richtige Musik oder ein geliebter Gesprächspartner, mehr braucht es nicht, um hier Stunden verweilen zu können. Steigt man danach wieder hinauf zur Straße, fühlt man sich, als wäre man gerade aus einer anderen Welt zurückgekehrt. Einer Welt, in der Ruhe und Kraft regieren.

● Baum an der Donau, Dultplatz, 93059 Regensburg
● ÖPNV: Buslinie 17, Haltestelle Dultplatz

Über den Dächern der Stadt

71 Die Dachterrasse vom Kaufhof

Über den Wolken muss die Freiheit wohl grenzenlos sein! Das hat schon Reinhard Mey so wunderbar treffend gesungen. Ganz so hoch hinaus kommt man in Regensburg trotz der vielen Türme zwar nirgends, aber über den Dächern der Stadt kann man die Freiheit trotzdem spüren. Blickt man von oben auf die Stadt, so entdeckt man viele kleinere und größere Terrassen, die die Dächer der Regensburger Altstadthäuser zieren. Die meisten sind natürlich privat und nicht für die Öffentlichkeit bestimmt. Die wahrscheinlich größte aller Regensburger Dachterrassen aber ist für jeden zugänglich und das Beste daran: Hier oben gibt es sogar ein Café! Im obersten Stockwerk des Kaufhof-Gebäudes reihen sich legere Rattanmöbel und Bistrotische aneinander, an denen man gemütlich seinen Kaffee trinken oder eine Speise genießen und den Blick über den Neupfarrplatz auf der einen und auf die Domspitzen auf der anderen Seite schweifen lassen kann.

Das Haus selbst ist ein klassischer Betonbau aus den 1970er-Jahren. In die Westfassade des Kaufhofs wurde jedoch die Eingangsfront der Alten Wache integriert. Das Bauwerk aus dem Jahre 1611 bildete ehemals den militärischen Mittelpunkt Regensburgs. Seine Fassade fügt sich heute in die Reihe historischer Stätten ein, die man am und um den Neupfarrplatz überall findet. Das knallige Rot und die Säulen heben sich wundervoll von dem Grau des restlichen Gebäudes ab, während sich die Besucher auf der darüberliegenden Sonnenterrasse wohlfühlen und entspannen.

Im Frühling, wenn das Vogelgezwitscher über den Platz schallt, im Sommer, wenn die Sonne auf die Dachterrasse brennt, im Herbst, wenn buntes Laub die Stadt schmückt oder im Winter, wenn die Lichter, die Düfte und die Musik des Christkindlmarktes die Luft erfüllen – egal zu welcher Jahreszeit, an diesem friedlichen Platz kann man sich bestens selbst verwöhnen. Eines wird hier oben jedenfalls schnell klar: Über den Regensburger Dächern wartet das wahre Glück!

- Galeria Kaufhof, Neupfarrplatz 8, 93047 Regensburg
- ÖPNV: Buslinie A, Haltestelle Neupfarrplatz

Kaffee, Kippen, Klatsch

72 Der Kiosk am Neupfarrplatz

Der Kiosk am Neupfarrplatz ist seit vielen Jahren ein Ort der Kommunikation, an den die Regensburger und Regensburgerinnen gerne kommen. Die Verbindung zwischen Tradition und Innovation zu schaffen, das ist seit Dezember 2018 die Aufgabe des neuen Pächters Florian Rottke. Der Designer und Marketingexperte löste den ehemaligen Kioskbetreiber nach zwölf langen Jahren ab. Um den Kiosk übernehmen zu können, musste der Stadt ein Konzept präsentiert werden, welches die Institution in einem neuen Licht darstellte. Wichtig war dabei, das Herz und die Seele des kleinen Standes trotzdem zu bewahren.

What the Kiosk? – die schwarzen Lettern auf weißem Hintergrund sind schon von Weitem erkennbar und wecken die Neugierde. Der Slogan soll den Regensburger oder Regensburg-Besucher animieren, sich Gedanken über die Definition des Kiosks zu machen – eine wirklich innovative Idee. Klar ist, dass der Kiosk nicht mehr nur als schnelle Gelegenheit, sich Alkohol zu besorgen, gesehen werden soll. Im Vordergrund steht der ausdrückliche Wunsch, What the Kiosk? als Ort des kommunikativen Beisammenseins zu verstehen. Im Winter wird zu einem netten Plausch an der Theke der leckere in der Region geröstete Kaffee gereicht, im Sommer sorgen Stehtische dafür, dass Jung und Alt einen Platz zum Unterhalten und Kaffeetrinken finden. Das klingt doch gut – also hier ruhig zwischendurch eine kleine Verschnaufpause vom Arbeitsstress einlegen, auch das Handy einmal kurz in der Jackentasche verschwinden lassen und die Hektik des Alltags zumindest für einen Augenblick vergessen.

Touristen, Kurzzeitbesuchern und Einheimischen wird hier nicht nur freundlich Auskunft nach dem richtigen Weg zuteil. Wer Zeit hat, legt hier gern eine kleine Pause ein. Denn sind wir ehrlich, es ist doch wirklich etwas Schönes, wenn man sich von Angesicht zu Angesicht unterhalten kann. Diese nette Gepflogenheit erhält ein Kiosk wie dieser am Leben.

- What the Kiosk?, Neupfarrplatz 9, 93047 Regensburg
- ÖPNV: Buslinie A, Haltestelle Neupfarrplatz

WHAT
THE
KIOSK
?

Zwischen den Flüssen

73 Am Grieser Spitz

Regensburg ist eine Stadt der Flüsse. Donau, Naab und Regen sind für die Region seit jeher sowohl geliebte Lebensquelle als auch gefürchteter Unheilbringer. Güter, Schätze, Reisende, das alles wird von den Wassermassen nach Regensburg geschafft. Wenn die Niederschläge die Pegel nach oben treiben, brechen für die Uferbewohner harte Zeiten an. Die Naab trifft weit im Westen Regensburgs auf ihre große Schwester Donau, während der Regen von Norden auf Stadtamhof zufließt. An der Stelle, an der sie sich vereinen, hat sich der Grieser Spitz gebildet. Die ihrem Namen gerecht werdende spitz zulaufende Landzunge gehört zu Stadtamhof und ist wie die Jahninsel ein wichtiger Naherholungsort für alle Regensburger.

Seinen Namen verdankt der Grieser Spitz der althochdeutschen Bezeichnung „grioz“ für Sand, Kies oder einen sandbedeckten Ort. Die Ortsbezeichnung „Am Gries“ verweist also auf die Nähe zu einem Gewässer, wo es Kies- oder Sandbänke gibt. Sein Name passt deshalb perfekt zu diesem Platz, dessen sandige Ufer zur Stadtseite hin mal steiler, mal sanfter in die Donau abfallen. Die schöne Grünfläche gehört zu den von der Stadt ausgewiesenen offenen Grillflächen. Der großzügig angelegte Park ist zudem regelmäßiger Veranstaltungsort für bunte Feste verschiedenster Art. Dann schallt frische Musik über den Spitz, kreative Kunstwerke lassen ihn erstrahlen, es wird Nachhaltigkeit gelebt, Essen aus fremden Kulturen serviert und Drachen aus dem Mittelalter bekämpft. Wer zur richtigen Zeit in Regensburg verweilt, der sollte sich das „Bunte Wochenende“ oder das „Spektakulum“ nicht entgehen lassen.

Festivalplatz, Freizeitort und Grillplatz, der Grieser Spitz ist all das und noch viel mehr. Hier atmet man das Grün der Bäume und die Frische der fließenden Flüsse ein und ist doch nur einen kurzen Spaziergang entfernt von all den Annehmlichkeiten der Stadt. Der Spitz wurde durch die Flüsse geschaffen, und das umfließende Wasser macht ihn zum hervorstechendsten der Regensburger Erholungsplätze.

TIPP

Weiter westlich lädt der Transition Gemeinschaftsgarten alle Freunde der Natur zum Verweilen ein.

- Grieser Spitz, 93059 Regensburg, zu Fuß über den Grieser Steg oder von Stadtamhof
- ÖPNV: Buslinie 3/4/8, Haltestelle Eiserne Brücke

Weltrekord-Wirtshaus

74 Die Gaststätte Röhrl

Gemütlichkeit ist etwas, das bei uns in Bayern gerne sehr ausgiebig zelebriert wird. „Daheim ist es doch am schönsten, aber gemütlicher ist es im Wirtshaus." Dieser Leitspruch prangt auf der Internetseite der Gaststätte Röhrl. Gemütlichkeit ist in diesem Haus Programm.
Mitten im Ortskern des schmucken Kirchdorfes Eilsbrunn westlich von Regensburg steht das beeindruckende Gasthaus. Es hat ein fein geschwungenes Mansardendach, einen Biergartenbereich, der von vielen alten Kastanienbäumen umringt ist und ein Nachbargebäude, welches an vergangene goldene Brauerzeiten erinnert. Betritt man die Gaststube, dann erblickt man Rundumbänke, holzvertäfelte Wände, Ahorntische aus den 1930er-Jahren und die Ahnengalerie der Familie Röhrl an der Wand. Der Gast hat plötzlich ein Lächeln auf den Lippen und spürt ganz deutlich: Hier möchte ich bleiben.
Die Gaststätte Röhrl zählt zu den 50 schönsten denkmalgeschützten Wirtshäusern in ganz Bayern und freut sich seit November 2010 über einen Eintrag im „Guinness Buch der Weltrekorde" als das älteste Wirtshaus der Welt. Dabei bezieht sich der Rekord auf die durchgehende Öffnung des Lokals seit dem Jahr 1658. Die Wirtsleute Karin und Nepomuk Röhrl betreiben das Gasthaus in mittlerweile elfter Generation. Jeder Winkel dieses Hauses könnte eine kleine Geschichte erzählen. Ausgemachtes Ziel der Betreiber ist es, die Identität als Dorfwirtshaus und Ausflugslokal, trotz innovativer Ideen, zu erhalten. Gäste genießen im Gastraum oder im Biergarten traditionell gutbürgerliche, frische, regionale und saisonale Küche. Dass diese, wie das Gasthaus an sich, etwas ganz Besonderes ist, bestätigte der Eintrag im renommierten „Gault & Millau Bayern".
Die Gaststätte Röhrl in Eilsbrunn ist ein Paradebeispiel für gelebte Wirtshauskultur in Bayern. Und das ist es, was wir an Bayern und Regensburg so lieben. Ein Prosit der Gemütlichkeit!

TIPP

Gäste können sich durch die Ausstellung zur 350-jährigen Familiengeschichte führen lassen.

● Gaststätte Röhrl – Das älteste Wirtshaus der Welt, Regensburger Straße 3, 93161 Sinzing, Tel. (0 94 04) 21 12, www.gaststaette-roehrl.de
● ÖPNV: Buslinie 27, Haltestelle Eilsbrunn Kirche

Hip und grün

75 Das Café Philomena

Schlenderte man in den 50er-Jahren vom Bahnhof kommend durch die Regensburger Maximilianstraße, erblickte man auf der linken Seite das Schaufenster eines wunderschönen Blumenladens mit der Hausnummer 22a, den eine Dame namens Anna Philomena Adler liebevoll betrieb. Hier wurden über viele Jahre für jeden Anlass passende, bunte, mit Herz gebundene Sträuße verkauft. Die Räumlichkeiten befinden sich auch noch heute in der Hand von Familie Adler. Nun aber wurde Anfang des Jahres 2021, in der mittlerweile dritten Generation, aus dem ehemaligen Blumenladen ein hippes Café und damit ein neues Kapitel aufgeschlagen. Es trägt, in ehrenvollem Gedenken an die erste Adler-Generation, den Namen Philomena.

Die Einrichtung ist vielseitig und vor allem eines: individuell. Der Wunsch, hier im Philomena verschiedenste Ideen zusammenzuführen, wurde in wundervoller Weise verwirklicht. Die aufgewerteten Lastenregale sind mit außergewöhnlichen Leckereien gefüllt. Upgecycelte Möbel stehen neben originellen Lampen im Industriedesign. Die Theke aus Brettern eines Gerüstbauers auf der einen, die aus alten Reisekoffern upgecycelten Sessel des regionalen Designers Fabian Moser auf der anderen Seite. Dazwischen ein Klavier, das nur darauf wartet, bespielt zu werden. Viele der Möbel können sogar erworben werden, um damit das eigene Zuhause schmücken. Außerdem gibt es getöpferte Meisterwerke aus der Regensburger Töpferei „hantwerck" und andere regionale Kunsthandwerke. Jedes Stück erzählt dabei seine ganz eigene Geschichte und wird Teil eines neuen Ganzen, für das man sich keine bessere Bühne vorstellen kann. Dazu wird frisch gebrühter Kaffee serviert. Entweder vorbildlich im Recup to-go oder zum Genießen vor Ort. Platz nehmen kann man hierfür nicht nur im stylischen Innenraum, sondern auch auf dem großzügigen Außenbereich. Das Philomena ist viel mehr als „nur" ein Café. Es ist der Traum einer grünen Oase, ein offenes Projekt, das sich immer weiterentwickeln und die Regensburger Szene noch lange bereichern wird.

● Philomena, Maximilianstraße 22a, 93047 Regensburg, Tel. (0 94 07) 32 22
www.hesperidengarten.de/philomena
● ÖPNV: Buslinie A, Haltestelle Königshof

Der Natur auf der Spur

76 Das Walderlebniszentrum Sinzing

Einatmen und wieder ausatmen. Ein und aus. Man kann es riechen, oder? Das ist der einmalige Duft von Holz, von Gräsern, Moosen, Blüten und Sträuchern. Das ist der Geruch von Wald.
Nur unweit von Regensburg, inmitten des Prüfeninger Holzes, da liegt es, das Gebäude des Walderlebniszentrums. Das kreisrunde Holzhäuschen ist der Ausgangspunkt für Führungen, Veranstaltungen und Wanderungen. Förster, Erlebnispädagogen, Jäger, Land- und Forstwirte und sogar ein Imkermeister bilden das feste Team des Walderlebniszentrums, das großen und kleinen Besuchern den Naturbereich Wald näherbringen möchte. In der grünen Umgebung lernen Kinder und Erwachsene vom Leben und der Bedeutung des Waldes für den Menschen. Der Walderlebnispfad, der am Parkplatz beginnt und am Gebäude des Walderlebniszentrums endet, bietet Spaß für alle Altersgruppen. So können die eigenen Fähigkeiten im Balancieren, Hangeln oder Baumstammheben getestet oder am Barfußpfad verschiedene Untergründe mit den nackten Füßen gespürt werden. In der Tiersprunggrube kann man den eigenen Sprung mit dem von Eichhörnchen, Fuchs oder Reh vergleichen, im Labyrinth seine Orientierung testen oder den Klang verschiedener Hölzer ausprobieren. Zu bestaunen gibt es zudem einen riesigen Ameisenhaufen und die Bewohner eines Insektenhotels.
Nach diesen erholsamen Erlebnissen kann sich nun noch auf die Spuren des Oberpfälzer Sagen- und Märchensammlers Franz Xaver von Schönwerth begeben werden. Der sich in direkter Nachbarschaft zum Walderlebniszentrum befindende 400 Meter lange Märchen- und Sagenpfad, führt den Besucher zu neun Stationen mit Kunstobjekten, Infotafeln erzählen etwas über das zugehörige Märchen. Jeder Kletterfreudige hat außerdem noch die Möglichkeit, sich im Hochseilgarten in der Nähe des Walderlebniszentrums von Ast zu Ast zu schwingen und Baumwipfel zu stürmen. Nach einem solch erfolg- und abwechslungsreichen Tag im Wald kann man sich doch nur glücklich schätzen!

TIPP
Zweimal jährlich wird ein großes Waldfest mit vielfältigen Aktionen gefeiert.

- Walderlebniszentrum, Rieglinger Höhe 1, 93161 Sinzing, Tel. (09 41) 20 83 21 10 www.aelf-re.bayern.de/forstwirtschaft/wald
- ÖPNV: Buslinie 27, Bedarfshaltestelle Walderlebniszentrum, dann entlang der Forststraße mit Buslinie 26, Haltestelle Riegling, 15 Minuten Fußweg zum Walderlebniszentrum

Kulinarik unter Rosen

77

Das Rosarium im Dörnbergpark

Angekommen im Rosarium bekommt man sofort das Gefühl, dass sich der Wunsch aus Hildegard Knefs Lied hier augenblicklich erfüllen könnte: „Für mich soll`s rote Rosen regnen ..." Im Rosengarten, in dessen Mitte friedlich ein Springbrunnen vor sich hinplätschert, traut der Erstbesucher kaum seinen Augen. Inmitten unzähliger Rosenblüten und weiterer bunter Blümchen stehen Tischgruppen, an denen der Gast unter weißen Sonnenschirmen Platz nimmt.

Das Rosarium kann auf eine knapp 200-jährige Geschichte zurückblicken. Freiherr Ernst Friedrich von Dörnberg erwarb 1832 das Gartenpalais mitsamt der umliegenden 7,4 Hektar großen Grünfläche. Der Park wurde verschönert, das Rosarium angelegt und ein Gartenpavillon im Parknorden erbaut. Sowohl die Anlage, welche den Namen „Dörnbergpark" trägt, als auch das Rosarium bestehen noch heute in all ihrer Pracht. Wer sich für ein Mahl im Rosarium entscheidet, kann auf kulinarische Weltreise gehen und landet dabei häufig auf dem asiatischen Kontinent, genauer gesagt, in Japan. Dort hat Küchenchef Georg Schröppel nämlich einige Zeit gearbeitet und seine gesammelten Inspirationen mit nach Regensburg gebracht. Neben japanischen Gerichten wie Teriyaki und Yakitori darf sich der Gast aber auch über ausgefallene Burgervariationen, Fischgerichte, Flammkuchen und ausgewählte vegetarische Gerichte freuen. Danach lassen die raffinierten Desserts ebenfalls keine Wünsche offen. Beim Testen der gewählten Speisen schmeckt man, dass auf beste regionale Zutaten großer Wert gelegt wird.

Ein Besuch im Rosarium lohnt sich übrigens zu jeder Jahreszeit, denn auch der Wintergarten des Bistros lädt mit seiner gemütlichen Atmosphäre zum Verweilen ein, und die Küche ist großartig, egal, ob es draußen warm oder kühl ist. Ein kleiner Verdauungsspaziergang durch den Dörnbergpark – unter grünen Blättern der Buchen, durch raschelndes am Boden liegendes, buntes Laub oder knirschenden Schnee – lässt den Abend glücklich ausklingen.

- Rosarium, Hoppestraße 3 a, 93049 Regensburg, Tel. (09 41) 2 68 85
www.bistro-rosarium.de
- ÖPNV: Buslinien 2/9, Haltestelle Justizgebäude

Energietanken am Flussufer

78 Die Donaupromenade

Wenn die Tage länger und die Nächte wärmer werden, zieht es die Regensburger allesamt ins Freie. Regensburg wird wegen seines südlichen Charmes gleichermaßen von Einheimischen wie Besuchern geschätzt. Entsprechend gibt es hier viele wunderschöne Plätze, an denen man sich in der Sommerabendstimmung bei einem kühlen Getränk wohlfühlen kann. Einer der absoluten Hotspots für einmalige Sonnenuntergänge ist die Stadt-Uferpromenade entlang der Donau. Auf beiden Seiten des Flusses kommen allabendlich Gruppen von Genießern allen Alters zusammen. Es wird gesungen, musiziert, getrunken und geredet oder sich einfach nur der zauberhaften Stimmung hingegeben.

Die südliche Promenade bietet den Vorteil, dass die Bars, Kioske und Dönerstände der Stadt nur einen Katzensprung entfernt liegen und man sich dort bis spät in die Nacht mit Getränken und Essen versorgen kann. Das Nordufer ist dagegen der fraglos ruhigere Ort. Um hierher zu gelangen, muss man von der Stadt kommend einen kleinen Umweg über eine der Brücken nehmen, die über die Donau führen. In aufwendiger Arbeit wurde die nördliche Donaupromenade entlang der Badstraße in den letzten Jahren aufgefrischt und verschönert. So entstanden neue wunderbare Sitz- und Picknickplätze, die zum Entspannen und Genießen einladen.

Hat man einen der begehrten Plätze an der Donau ergattert, wird man diesen so schnell nicht wieder aufgeben. Man wird so lange wie möglich sitzenbleiben, um den großen Moment voll auszukosten. Der Blick auf die Stadt ist einmalig. Gegenüber erstrahlt das Regensburger Postkartenpanorama in der goldenen Abendsonne, deren letzte Strahlen noch warm auf der Haut kribbeln, während sich die Schatten der Stadt langsam ausbreiten. Es ist wahrlich ein ganz besonderer Ort, an dem man sich mehr als nur eine kurze Auszeit gönnen kann. Hier, in solch positiver Atmosphäre, spürt man die Leichtigkeit des Seins. Alles, was im Alltag belastet, scheint weit weg und alles, was davon bleibt ist die Frage: „Wozu die ganze Hektik?“

- Donaupromenade, Am Beschlächt, 93047 Regensburg
- ÖPNV: Bus 1/4/11/N6, Haltestelle Fischmarkt

Wenn Brot zum Erlebnis wird

79 Erlebe Brot

Wenn sich bereits vormittags vor der kleinen Bäckerei in der Fröhlichen-Türken-Straße eine Schlange aus wartenden Menschen bildet, dann ist es ganz offensichtlich, dass es sich hierbei um eine ganz besondere Backstube handeln muss. Die Bäckerei Glaab hat 2021 bereits zum fünften Mal in Folge den Bayerischen Staatsehrenpreis gewonnen und gehört somit zu den 20 besten Bäckereien in ganz Bayern. Das Familienunternehmen kehrte im Jahr 2020 nach über 70 Jahren endlich wieder in die schöne Regensburger Innenstadt, seinem Ursprungsort, zurück. Back(en) to the roots, wie es so passend auf der Homepage von Erlebe Brot zu lesen ist.

Bei Familie Glaab gibt es, was die Backkunst betrifft, seit jeher keine Kompromisse. Das heißt im Klartext: nur natürliche Aromen, keine Chemie, keine Farbstoffe, keine Konservierungsstoffe oder Geschmacksverstärker und auch keine Vor- oder Fertigmischungen. Stattdessen gibt es vegane Bio-Hefe und eine dicke Extraportion Backliebe. Die Backkünstler der Glaabs sind sich einig: Es reicht nicht, wenn ein Bäcker seine Rezepte kennt. Ein guter Bäcker versteht den Teig und die Zutaten, er beherrscht die Handwerkdetails in Perfektion, weiß, mit wie viel Druck er kneten muss und kennt die richtigen Ofeneinstellungen. Erst das richtige Feingespür und die Anwendung jahrelang gesammelten Wissens sorgen dafür, dass das Brot schmeckt. Und das tut es! Kamutbrot, Dinkelvollkornbrot, Emmerbrot, Landbrot, Korianderbrot – für jedermanns Geschmack ist hier etwas dabei. Aber nicht nur das Brot schmeckt ausgezeichnet: Die aus Kalifornien stammenden Cruffins, eine innovative Kreuzung aus Croissant und leckerem Butterhefe-Muffin, lassen alle zuckersüßen Herzen schon beim Ansehen höherschlagen. Sie werden jeden Tag frisch zubereitet, mit verschiedenen köstlichen Füllungen wie Pistazien- oder Kürbiscreme angeboten und sind oft schon bis Mittag restlos ausverkauft. Achtung: Suchtgefahr!

- Erlebe Brot, Fröhliche-Türken-Straße 4, 93047 Regensburg, Tel. (0 94 31) 24 65
www.baeckerei-glaab.de
- ÖPNV: Buslinie A, Haltestelle Neupfarrplatz

ERLEBE
BROT.

Eine Berührung voller Glück

80 Die Regensburger Stadtmaus

Von ihrem ewigen Platz an einem Eckfenster der einstigen Patrizierburg „Neue Waag" wacht das steinerne Haustier der Regensburger über das Geschehen am Haidplatz. Sie ist ein Hoffnungsträger aus alter Zeit und ein Wahrzeichen für die Bewohner der Stadt: die Stadtmaus.
Das Gebäude und seine Maus haben ein ereignisreiches Leben hinter sich. Hier residierte einst eine wohlhabende Patrizierfamilie, die ihren Reichtum dem internationalen Handel verdankte. Es waren Kaufleute wie diese, die ihren Einfluss in Venedig nutzten, um Regensburg den Aufstieg zu einem der bedeutendsten Handelszentren Europas zu ermöglichen. Der Reichtum und das Ansehen der Bürger bescherten auch der Stadt frühen Wohlstand und Fortschritt. Um 1440 erwarb die Stadt das Gebäude und errichtete hier die neue Stadtwaage, in der die Kaufmannsgüter fortan gewogen und die geltenden Längenmaße ausgestellt wurden.
Nach dem Zweiten Weltkrieg musste die Neue Waag renoviert werden. Der Baumeister erneuerte dabei auch eine Kreuzrippe der ehemaligen Kapelle, die er mit einem kleinen Maus-Relief verzierte. Die heutige Stadtmaus ist bereits die zweite ihrer Art. Ihr Vorfahre befand sich einst an einem Durchgang von der Waaggasse zum Haidplatz. Als dieser jedoch geschlossen werden musste, hat man die Maus durch ein weiteres kleines Steinrelief in der Vorhalle ersetzt, welches später noch einmal an seinen jetzigen Standort verlegt wurde.
Bei Touristen und Einheimischen zugleich ist die kleine Regensburger Stadtmaus beliebt, sagt man ihr doch nach, dass man, wenn man sie sanft streichelt, nie wieder arm wie eine Kirchenmaus sein wird. Es heißt außerdem, dass derjenige, der sie vor seiner Abreise berührt wieder glücklich nach Regensburg zurückkehrt. So sollte jeder, der in Regensburg zu Besuch ist, seine Finger über den kleinen Steinkörper gleiten lassen und sich beim Abschied mit der Vorfreude auf den nächsten Aufenthalt in dieser Glücksstadt trösten. Servus und bis bald!

TIPP

Längenmaße aus dem Mittelalter hängen heute noch am Eingang zum alten Rathaus am Rathausplatz.

- Neue Waag, Haidplatz 1, 93047 Regensburg
- ÖPNV: Buslinie A, Haltestelle Haidplatz

Die Regensburger Stadtmaus
Als Souvenir erhältlich in der Tourist Information am Rathausplatz.
The Regensburg City-Mouse
Available as Souvenir at the Tourist Information at Rathausplatz.

Für Julius

Bibliografische Informationen der Deutschen Nationalbibliothek
Die Deutsche Nationalbibliothek verzeichnet diese Publikation in der Deutschen Nationalbibliografie; detaillierte bibliografische Daten sind im Internet über http://dnb.d-nb.de abrufbar.

2. Auflage 2022
Konzeption/Satz: Droste Verlag, Düsseldorf
Einbandgestaltung und Illustrationen: Britta Rungwerth, Düsseldorf unter Verwendung von Bildern von © Fotolia.com: jd - photodesign.de; © iStock: Plociennik Robert
Fotos: Lisa & Benedikt Plikat, außer:
S. 25: Sissi Ranninger; S. 95: Paep56 (https://commons.wikimedia.org/wiki/File:Dreinigkeitskirche_Regensburg_Am_Ölberg_1_D-3-62-000-83_01.jpg), Kolorierung von ohtheplaces.de, https://creativecommons.org/licenses/by-sa/4.0/legalcode; S. 133: Alexa Voigtlaender; S. 161: Bistro Rosarium; S. 165: Familie Glaab

FSC www.fsc.org MIX Papier aus verantwortungsvollen Quellen FSC® C011279

Druck und Bindung: LUC GmbH, Greven
ISBN 978-3-7700-2154-3

www.droste-verlag.de